GRČKI: SVEDNEVNI RECEPTI GRČKIH KORIJENA

Uživanje u esenciji grčke kuhinje kroz 100 recepata

Veronika Ratković

Materijal autorskih prava ©2024

Sva prava pridržana

Nijedan dio ove knjige ne smije se koristiti ili prenositi u bilo kojem obliku ili na bilo koji način bez odgovarajućeg pisanog pristanka izdavača i vlasnika autorskih prava, osim kratkih citata korištenih u recenziji. Ovu knjigu ne treba smatrati zamjenom za medicinske, pravne ili druge stručne savjete.

SADRŽAJ

- SADRŽAJ 3
- UVOD 6
- GRČKI DORUČAK 7
  - 1. Tepsija od grčkog omleta 8
  - 2. Grčka pita od sira s orasima i medom 10
  - 3. Mediteranska zdjela za doručak 12
  - 4. Grčki tost s avokadom 14
  - 5. Tost od cjelovitih žitarica s avokadom i jajima 16
  - 6. Grčka kajgana 18
  - 7. Grčka pržena jaja s krumpirom i fetom 20
  - 8. Koluti grčkog kruha sa sezamom 22
  - 9. Grčki doručak Ladenia 24
  - 10. Grčki puding od riže za doručak (Rizogalo) 26
  - 11. Muffini s jajima za grčki doručak 28
  - 12. Grčka tava s jajima za doručak s povrćem i fetom 30
  - 13. Pitas za grčki doručak 32
  - 14. Parfe od grčkog jogurta 34
  - 15. Mediteranski omlet 36
  - 16. Obloga za doručak od špinata i fete 38
- GRČKE ZAGROZICE 40
  - 17. Grčki Tzatziki Dip 41
  - 18. Grčki prženi sir 43
  - 19. prženi krumpirići 45
  - 20. Grčki Feta Dip 47
  - 21. Mediteranska voćna salata 49
  - 22. Lignje s ružmarinom i čili uljem 51
  - 23. Dip od grčkog patlidžana 53
  - 24. Grčke spanakopita proljetne rolnice 55
  - 25. Grčke tortilje pinwheels 57
  - 26. Grčki punjeni zalogaji krastavaca 59
  - 27. Crisp začinjeni krumpir 61
  - 28. Grčka salata Cracker 63
  - 29. Zalogaji grčkog pita kruha 65
  - 30. Grčke kuglice od tikvica (Kolokithokeftedes) 67
  - 31. Energetski zalogaji baklave 69
  - 32. S škampa gambas 71
  - 33. Miks staza inspiriran Mediteranom 73
  - 34. Zalogaji datulja i pistacija 75
  - 35. Patlidžani s medom 77
- GRČKI RUČAK 79

36. GRČKI KLASIČNI KRUMPIR S LIMUNOM 80
37. GRČKA SALATA 82
38. GRČKI PILEĆI GIROS 84
39. GRČKE MESNE OKRUGLICE 86
40. GRČKE PUNJENE PAPRIKE 88
41. GRČKA JUHA OD GRAHA 90
42. GRČKI PEČENI ZELENI GRAH 92
43. GRČKA JUHA OD LEĆE 94
44. GRČKA JUHA OD SLANUTKA 96
45. GRČKI SUVLAKI 98
46. GRČKE LAZANJE (MUSAKA) OD GOVEDINE I PATLIDŽANA 100
47. MEDITERANSKA SALATA OD SLANUTKA 102
48. PILETINA SA ZAČINSKIM BILJEM I LIMUNOM S KVINOJOM I BRESKVOM 104
49. ZAMOTAJ OD GRČKE SALATE 106
50. MEDITERANSKA SALATA OD KVINOJE 108
51. SALATA OD MEDITERANSKE TUNE I BIJELOG GRAHA 110
52. LIGNJE I RIŽA 112

GRČKA VEČERA 114
53. GRČKI PUNJENI LISTOVI GROŽĐA 115
54. GRČKI PEČENI ORZO 117
55. GRČKA SPANAKOPITA 119
56. GRČKE PITE OD SIRA (TIROPITA) 122
57. GRČKI SPORO KUHANI JANJEĆI GIROS 124
58. TIKVICE PUNJENE GRČKOM JANJETINOM 126
59. GRČKA JANJETINA KLEFTIKO 128
60. ZAČINJENI JANJEĆI KOTLETI S DIMLJENIM PATLIDŽANOM 130
61. GRČKI ABORIDŽINI I JANJETINA PASTICCIO 132
62. GRČKA ZELENA SALATA S MARINIRANOM FETOM 134
63. PITAS OD GRČKE JANJETINE 136
64. MEDITERANSKI PEČENI LOSOS 138
65. MEDITERANSKA KVINOJA PUNJENA PAPRIKA 140
66. MEDITERANSKI VARIVO OD LEĆE I POVRĆA 142
67. POVRĆE NA ŽARU I HALLOUMI RAŽNJIĆI 144
68. PIRJAJTE MEDITERANSKE ŠKAMPE I ŠPINAT 146

GRČKI VEGETARIJANAC 148
69. GRČKI JACKFRUIT GYROS 149
70. GRČKA VEGANSKA SKORDALIA 151
71. GRČKA SALATA OD ORZO TJESTENINE S VEGANSKOM FETOM 153
72. GRČKI GIROS OD SLANUTKA 155
73. GRČKA VEGETARIJANSKA MUSAKA 157
74. GRČKI PEČENI TIKVICE I KRUMPIR 159
75. GRČKA VEGETARIJANSKA RIŽA 161
76. GRK GIGANTES PLAKI 163

77. Grčki popečci od rajčice 165
78. Grčki popečci od slanutka 167
79. Grčki gulaš od bijelog graha 169
80. Grčki vegetarijanac Bamie s 171
81. Grčke zdjele s povrćem na žaru 173
82. Kuglice od povrća s tahini umakom od limuna 175
83. Grčko pečeno povrće 177
84. Grčki A ube igine i gulaš od rajčice 179
85. Tartine od grčkog avokada 181
86. Grčka riža od špinata 183
87. Grčka Avgolemono juha 185
88. Grčke pite s povrćem 187

GRČKI DESERT 189
89. Grčki kolačići s maslacem 190
90. Grčki medeni kolačić s 192
91. Grčka torta od oraha 194
92. grčka baklava 196
93. Fina krema od ananasa 198
94. Grčki kolač od naranče 200
95. Grčke krafne (Loukoumades) 202
96. Grčki puding od mliječne kreme 204
97. Peciva sa grčkim sirupom od badema 206
98. Grčki kolač od badema 208
99. Baklav od grčkog cvijeta naranče a 210
100. Grčka baklava od meda i ružine vodice 212

ZAKLJUČAK 214

UVOD

Uđite u osunčani svijet mediteranskih okusa i prihvatite bit grčke kuhinje s "Greekish: svakodnevni recepti s grčkim korijenima". Na ovom kulinarskom putovanju, pozivamo vas da uživate u bogatoj tapiseriji okusa koji definiraju grčku hranu—istančan spoj tradicije, svježine i živahnog duha Egeja. Sa 100 pažljivo odabranih recepata, ova kuharica slavi umijeće kuhanja kod kuće, omogućujući vam da toplinu grčke kuhinje unesete u svoju vlastitu.

Zamislite azurne vode Egejskog mora, obijeljene zgrade koje se drže uz obronke i miris maslinovog ulja i bilja koji se širi zrakom. "Grčki" nije samo zbirka recepata; to je putovnica za srce Grčke, gdje svako jelo priča priču o naslijeđu, regionalnim utjecajima i užitku zajedničkog blagovanja.

Bez obzira jeste li iskusni kuhar koji želi ponovno stvoriti autentične grčke okuse ili kuhar domaći koji želi vašim jelima udahnuti mediteranski štih, ovi su recepti osmišljeni tako da budu pristupačni, ukusni i slave svakodnevnu grčku kuhinju. Od klasične musake do živopisnih grčkih salata, krenite u kulinarsku odiseju koja donosi duh grčkog stola na vaš stol.

Pridružite nam se dok istražujemo jednostavne, ali duboke užitke grčke kuhinje, gdje je svaki recept podsjetnik da vas dobra hrana ima moć odvesti na osunčane obale, obiteljska okupljanja i srce grčkog gostoprimstva. Dakle, prikupite svoje sastojke, prihvatite mediteranski duh i uživajmo u srži grčke kuhinje kroz "Greekish". Opa!

GRČKI DORUČAK

1.Tepsija od grčkog omleta

SASTOJCI:
- Dvanaest velikih jaja
- Dvanaest unci salate od artičoke
- Osam unci svježe narezanog špinata
- Jedna žlica svježeg kopra
- Četiri žličice maslinova ulja
- Jedna čajna žličica sušenog origana
- Dva češnja nasjeckanog češnjaka
- Dvije šalice punomasnog mlijeka
- Pet unci sušene rajčice
- Jedna šalica izmrvljenog feta sira
- Jedna žličica limunskog papra
- Jedna žličica soli
- Jedna žličica papra

UPUTE:
a) Uzmite veliku zdjelu.
b) Dodajte jaja u zdjelu.
c) Jaja tucite oko pet minuta.
d) Uzmite drugu zdjelu i dodajte papar, limun papar, svježi kopar, sušeni origano i sol u zdjelu.
e) Sve sastojke dobro promiješajte.
f) Dodajte maslinovo ulje i špinat u zdjelu za jaja.
g) Sastojke dobro izmiješati te dodati nasjeckani češnjak i ostale sastojke.
h) Pomiješajte sve sastojke iz obje zdjele zajedno.
i) Smjesu dodajte u namašćenu posudu za pečenje.
j) Tepsiju pecite dvadeset pet do trideset minuta.
k) Izvadite lonac kad je gotov.
l) Jelo je spremno za posluživanje.

2.Grčka pita od sira s orasima i medom

SASTOJCI:
- Osam unci feta sira
- Jedno pakiranje filo listova
- Jedna čajna žličica sušene metvice
- Pola šalice nasjeckanih orašastih plodova (po izboru)
- Jedna šalica meda timijana
- Jedna šalica procijeđenog grčkog jogurta
- Sedam unci maslaca

UPUTE:
a) Uzmite veliku zdjelu.
b) U to dodajte maslac i dobro umutite.
c) U zdjelu s maslacem dodajte grčki jogurt i feta sir.
d) Dobro izmiješajte sastojke.
e) Dodajte sušenu metvicu u zdjelu i dobro promiješajte.
f) Filo raširiti u podmazan pleh.
g) Dodajte smjesu sira u listove filo i pokrijte je s još listova filo.
h) Pitu pecite četrdesetak minuta.
i) Izvadite pitu.
j) Pospite majčinu dušicu na vrh pite.
k) Ukrasite jelo nasjeckanim orasima
l) Jelo je spremno za posluživanje.

3.Mediteranska zdjela za doručak

SASTOJCI:
- 4 meko kuhana jaja, kuhana po vlastitom ukusu
- 8 unci bijelih šampinjona, prepolovljenih
- Ekstra djevičansko maslinovo ulje
- Košer soli
- 2 šalice cherry rajčica
- 2 šalice mladog špinata, pakirano
- 1 do 2 češnja češnjaka, nasjeckana
- 1 ½ šalice humusa
- Za'atar začin
- Masline (po želji, za ukras)

UPUTE:
PEČAJTE GLJIVE:
a) Zagrijte malo ekstra djevičanskog maslinovog ulja u tavi na srednje jakoj vatri.
b) Dodajte prepolovljene gljive i kuhajte dok ne postanu zlatne i mekane, začinite ih prstohvatom košer soli. Maknite s vatre i ostavite sa strane.

BLISTER CHERRY RAJČICE:
c) U istu tavu dodajte još malo maslinovog ulja i zagrijte na srednjoj vatri.
d) Dodajte cherry rajčice i kuhajte dok ne počnu pucati i omekšaju. Maknite s vatre i ostavite sa strane.

PRIPREMITE ŠPINAT:
e) U istoj tavi po potrebi dodajte još malo maslinova ulja i kratko propirjajte nasjeckani češnjak dok ne zamiriše.
f) Dodajte upakirani baby špinat i kuhajte dok ne povene.
g) Začinite prstohvatom soli.

SASTAVITE ZDJELU:
h) Započnite s velikim slojem humusa na dno zdjele.
i) Po humusu posložite meko kuhana jaja, pirjane gljive, narezane cherry rajčice i pirjani špinat.
j) Pospite Za'atar preko sastojaka.
k) Po želji dodajte masline za dodatnu aromu i ukrasite.

4. Grčki tost s avokadom

SASTOJCI:
- Pola šalice soka od limuna
- Četiri kriške kruha
- Pola šalice cherry rajčica
- Pola šalice ekstra djevičanskog maslinovog ulja
- Pola šalice izmrvljenog sira
- Mljeveni crveni čili
- Pola šalice nasjeckanog krastavca
- Četvrtina šalice kopra
- Pola šalice Kalamata maslina
- Dvije šalice nasjeckanog avokada
- Prstohvat soli
- Prstohvat crnog papra

UPUTE:
a) Uzmite veliku zdjelu.
b) Dodajte sve sastojke osim kriški kruha.
c) Pomiješajte sve sastojke.
d) Prepecite kriške kruha
e) Smjesu rasporedite po vrhu kriški kruha.

5.Tost od cjelovitih žitarica s avokadom i jajima

SASTOJCI:
- 2 kriške kruha od cjelovitog zrna
- 1 zreli avokado
- 2 poširana ili pečena jaja
- Posolite i popaprite po ukusu
- Dodaci po želji: cherry rajčice, pahuljice crvene paprike ili svježe začinsko bilje

UPUTE:
a) Tostirajte kriške kruha od cjelovitog zrna dok ne postanu hrskave.
b) Zreli avokado zgnječite i namažite na tostirani kruh.
c) Svaku krišku nadjenite poširanim ili pečenim jajetom.
d) Začinite solju, paprom i nadjevima po želji.
e) Uživajte u tostu s avokadom i jajima!

6.Grčka kajgana

SASTOJCI:
- Dvije žlice maslinovog ulja
- Dva velika jaja
- Jedna zrela cherry rajčica
- Prstohvat soli
- Prstohvat crnog papra

UPUTE:
a) Uzmite veliku tepsiju.
b) Dodajte maslinovo ulje u tavu.
c) Dodajte rajčice i sol u tavu.
d) Rajčice dobro skuhajte, a zatim u tavu dodajte crni papar.
e) Razbijte jaja u tavu.
f) Dobro promiješajte sastojke.
g) Izvadite kad su jaja gotova

7.Grčka pržena jaja s krumpirom i fetom

SASTOJCI:
- Dvije žlice maslinovog ulja
- Dva velika jaja
- Jedan nasjeckani krumpir
- Šezdeset grama feta sira
- Prstohvat soli
- Prstohvat crnog papra

UPUTE:
a) Uzmite veliku tepsiju.
b) Dodajte maslinovo ulje u tavu.
c) Dodajte krumpir i sol u tavu.
d) Krompir dobro skuhajte, a zatim u tavu dodajte crni papar.
e) Razbijte jaja u tavu.
f) Na vrh dodajte izmrvljeni feta sir.
g) Sastojke dobro propecite s obje strane.
h) Izvadite kad su jaja gotova

8.Koluti grčkog kruha sa sezamom

SASTOJCI:
- Dvije šalice brašna
- Tri žlice maslinovog ulja
- Dvije žličice soli
- Pola žličice kvasca
- Jedna žličica šećera
- Jedna šalica sjemenki sezama
- Jedna šalica mlake vode

UPUTE:
a) Uzmite veliku zdjelu.
b) U zdjelu dodajte šećer, kvasac i mlaku vodu.
c) Dobro promiješajte i ostavite sa strane dok se ne stvore mjehurići.
d) Dodajte brašno i sol u smjesu.
e) Tijesto dobro umijesite i od smjese za tijesto počnite oblikovati prstenaste strukture.
f) Na kolutove dodati sezam i redati kolutiće u tepsiju.
g) Jelo pecite tridesetak minuta.

9.Grčki doručak Ladenia

SASTOJCI:
- Dvije šalice brašna
- Tri žlice maslinovog ulja
- Dvije žličice soli
- Pola žličice kvasca
- Jedna žličica šećera
- Jedna šalica cherry rajčica
- Dvije žličice sušenog origana
- Jedna šalica narezanog luka
- Jedna šalica mlake vode

UPUTE:
a) Uzmite veliku zdjelu.
b) U zdjelu dodajte šećer, kvasac i mlaku vodu.
c) Dobro promiješajte i ostavite sa strane dok se ne stvore mjehurići.
d) Dodajte brašno i sol u smjesu.
e) Tijesto dobro umijesite i od smjese za tijesto počnite oblikovati okrugli somun.
f) Na vrh kruha dodajte narezani luk i cherry rajčice te tijesto za kruh stavite na lim za pečenje.
g) Jelo pecite tridesetak minuta.

10. Grčki puding od riže za doručak (Rizogalo)

SASTOJCI:
- Dvije šalice punomasnog mlijeka
- Dvije šalice vode
- Četiri žlice kukuruznog škroba
- Četiri žlice bijelog šećera
- Pola šalice riže
- Četvrtina žličice cimeta u prahu

UPUTE:
a) Uzmite veliki lonac.
b) Dodajte vodu i punomasno mlijeko.
c) Pustite da tekućina kuha pet minuta.
d) Dodajte rižu i šećer u smjesu mlijeka.
e) Sve sastojke dobro kuhajte tridesetak minuta ili dok se ne počne zgušnjavati.
f) Na vrh dodajte cimet u prahu.
g) Jelo je spremno za posluživanje.

11.Muffini s jajima za grčki doručak

SASTOJCI:
- Pola šalice sušenih rajčica
- Deset jaja
- Četvrtina šalice maslina
- Jedna šalica izmrvljenog sira
- Četvrtina šalice vrhnja

UPUTE:
a) Uzmite veliku zdjelu.
b) Dodajte sve sastojke u zdjelu.
c) Sve dobro promiješajte.
d) Smjesu od jaja izliti u podmazan pleh za muffine.
e) Muffine pecite dvadeset do trideset minuta.
f) Izvadite muffine.
g) Jelo je spremno za posluživanje.

12. Grčka tava s jajima za doručak s povrćem i fetom

SASTOJCI:
- Dvije žlice maslinovog ulja
- Dva velika jaja
- Jedna zrela cherry rajčica
- Dvije šalice nasjeckanog mladog špinata
- Jedna šalica nasjeckanog luka
- Jedna šalica paprike
- Četvrtina šalice izmrvljenog feta sira
- Prstohvat soli
- Prstohvat crnog papra

UPUTE:
a) Uzmite veliku tepsiju.
b) Dodajte maslinovo ulje u tavu.
c) Dodajte luk i sol u tavu.
d) Luk dobro izdinstati, a zatim u tavu dodati crni papar.
e) U smjesu dodajte mladi špinat i papriku.
f) Sastojke dobro kuhajte oko pet minuta.
g) Razbijte jaja u tavu.
h) Sastojke dobro prokuhati.
i) Izvadite kad su jaja gotova.
j) Jelo ukrasite izmrvljenim feta sirom.

13.Pitas za grčki doručak

SASTOJCI:
- Dvije žlice maslinovog ulja
- Dvije kriške pita kruha
- Dva velika jaja
- Jedna zrela cherry rajčica
- Dvije šalice nasjeckanog mladog špinata
- Jedna šalica nasjeckanog luka
- Pola šalice nasjeckanog bosiljka
- Jedna šalica paprike
- Četvrtina šalice izmrvljenog feta sira
- Prstohvat soli
- Prstohvat crnog papra
- Hrpa nasjeckanog cilantra

UPUTE:
a) Uzmite veliku tepsiju.
b) Dodajte maslinovo ulje u tavu.
c) Dodajte luk i sol u tavu.
d) Luk dobro izdinstati, a zatim u tavu dodati crni papar.
e) U smjesu dodajte mladi špinat i papriku.
f) Sastojke dobro kuhajte oko pet minuta.
g) Razbijte jaja u tavu.
h) Sastojke dobro prokuhati.
i) Izvadite kad su jaja gotova.
j) Pustite da se jaja ohlade, a zatim dodajte izmrvljeni feta sir
k) u njega.
l) Dobro promiješajte.
m) Zagrijte pita kruh.
n) U kruhu izrežite rupu i u nju dodajte skuhanu smjesu.
o) Ukrasite kruh nasjeckanim cilantrom.

14. Parfe od grčkog jogurta

SASTOJCI:
- 1 šalica grčkog jogurta
- ½ šalice svježeg bobičastog voća (npr. borovnice, jagode)
- 2 žlice meda
- 2 žlice nasjeckanih orašastih plodova (npr. bademi ili orasi)
- ¼ šalice granole

UPUTE:
a) U čašu ili zdjelu rasporedite grčki jogurt, svježe bobičasto voće i med.
b) Pospite nasjeckanim orasima i granolom.
c) Uživajte u svom ukusnom parfeu od grčkog jogurta!

15. Mediteranski omlet

SASTOJCI:
- 2 velika jaja
- ¼ šalice rajčice narezane na kockice
- ¼ šalice paprike narezane na kockice
- ¼ šalice crvenog luka nasjeckanog na kockice
- 2 žlice feta sira
- 1 žlica maslinovog ulja
- Svježe začinsko bilje (npr. peršin ili origano)
- Posolite i popaprite po ukusu

UPUTE:
a) Zagrijte maslinovo ulje u tavi na srednje jakoj vatri.
b) Pirjajte povrće narezano na kockice dok ne omekša.
c) U zdjeli umutite jaja i izlijte ih u serpu.
d) Kuhajte dok se jaja ne stvrdnu, a zatim pospite feta sirom, začinskim biljem, solju i paprom.
e) Omlet preklopite na pola i poslužite vruć.

16. Obloga za doručak od špinata i fete

SASTOJCI:
- 2 velika jaja
- 1 šalica svježih listova špinata
- 2 žlice izmrvljenog feta sira
- 1 tortilja od cjelovitog zrna pšenice
- 1 žlica maslinovog ulja
- Posolite i popaprite po ukusu

UPUTE:
a) Zagrijte maslinovo ulje u tavi na srednje jakoj vatri.
b) Dodajte svježe listove špinata i kuhajte dok ne uvenu.
c) U zdjeli umutiti jaja i umutiti ih u tavi sa špinatom.
d) Po jajima pospite feta sir i kuhajte dok se malo ne otopi.
e) Stavite smjesu jaja i špinata u tortilju od cjelovitog zrna pšenice, zarolajte je i poslužite kao omot.

GRČKE ZAGROZICE

17.Grčki Tzatziki Dip

SASTOJCI:
- Jedna i pol šalica grčkog jogurta
- Jedna žlica nasjeckanog svježeg kopra
- Pola nasjeckanog krastavca
- Dvije žlice maslinovog ulja
- Pola žličice soli
- Dvije žličice mljevenog češnjaka
- Jedna žlica bijelog octa

UPUTE:
a) Uzmite veliku zdjelu.
b) Dodajte sve suhe sastojke u zdjelu.
c) Dobro izmiješajte i ostavite u hladnjaku desetak minuta.
d) Dodajte mokre sastojke u zdjelu.
e) Dobro promiješajte.

18.Grčki prženi sir

SASTOJCI:
- Jedna funta tvrdog sira
- Biljno ulje
- Jedna šalica višenamjenskog brašna

UPUTE:
a) Sir narežite na ploške.
b) Umočite ga u višenamjensko brašno.
c) Uzmite veliku tavu.
d) Dodajte ulje u tavu i dobro zagrijte.
e) Dodajte ploške sira i pržite dok ne porumene.

19. prženi krumpirići

SASTOJCI:
- Jedna funta crvenocrvenih krumpira
- Biljno ulje
- Jedna šalica višenamjenskog brašna
- Jedna šalica izmrvljenog feta sira
- Jedna šalica salse

UPUTE:
a) Krumpir narežite na štapiće.
b) Umočite ga u višenamjensko brašno.
c) Uzmite veliku tavu.
d) Dodajte ulje u tavu i dobro zagrijte.
e) Dodati štapiće krumpira i pržiti dok ne porumene.
f) Izvadite krumpiriće i na vrh dodajte salsu i feta sir.

20.Grčki Feta Dip

SASTOJCI:
- Jedna i pol šalica grčkog jogurta
- Jedna žlica nasjeckanog svježeg kopra
- Pola nasjeckanog feta sira
- Dvije žlice maslinovog ulja
- Pola žličice soli
- Dvije žličice mljevenog češnjaka
- Jedna žlica bijelog octa

UPUTE:
a) Uzmite veliku zdjelu.
b) Dodajte sve suhe sastojke u zdjelu.
c) Dobro izmiješajte i ostavite u hladnjaku desetak minuta.
d) Dodajte mokre sastojke u zdjelu.
e) Dobro promiješajte.

21. Mediteranska voćna salata

SASTOJCI:
- 2 šalice lubenice, narezane na kockice
- 2 šalice krastavca, narezanog na kockice
- 1 šalica feta sira, izmrvljenog
- ¼ šalice svježeg lišća metvice ili nasjeckanog bosiljka
- 1 žlica ekstra djevičanskog maslinovog ulja
- 1 žlica balzamičnog octa
- Posolite i popaprite po ukusu

UPUTE:
a) U velikoj zdjeli pomiješajte lubenicu, krastavac i feta sir.
b) U maloj zdjeli pomiješajte maslinovo ulje i aceto balsamico.
c) Prelijte preljev preko salate i lagano promiješajte da se sjedini.
d) Pospite nasjeckanim listićima mente ili bosiljka.
e) Začinite solju i paprom po ukusu.
f) Ohladite u hladnjaku 30 minuta prije posluživanja.

22. Lignje s ružmarinom i čili uljem

SASTOJCI:
- Ekstra djevičansko maslinovo ulje
- 1 vezica svježeg ružmarina
- 2 cijela crvena čilija, očišćena od sjemenki i sitno nasjeckana 150 ml vrhnja
- 3 žumanjka
- 2 žlice ribanog parmezana
- 2 žlice glatkog brašna
- Sol i svježe mljeveni crni papar
- 1 češanj češnjaka, oguljen i zgnječen
- 1 žličica sušenog origana
- Biljno ulje za prženje u dubokom ulju
- 6 Lignji očišćenih i narezanih na kolutiće
- Sol

UPUTE:
a) Za preljev zagrijte maslinovo ulje u malom loncu i umiješajte ružmarin i čili. Ukloni iz jednadžbe.
b) U velikoj zdjeli za miješanje umutite vrhnje, žumanjke, parmezan, brašno, češnjak i origano. Miješajte dok smjesa ne postane glatka. Začinite crnim paprom, svježe mljevenim.
c) Zagrijte ulje na 200°C za prženje u dubokom ulju ili dok kockica kruha ne porumeni za 30 sekundi.
d) Kolutiće lignji umačite jedan po jedan u tijesto i pažljivo ih stavljajte u ulje. Kuhajte dok ne porumene, oko 2-3 minute.
e) Ocijedite na kuhinjskom papiru i odmah poslužite uz preliveni dressing. Po potrebi posolite.

23.Dip od grčkog patlidžana

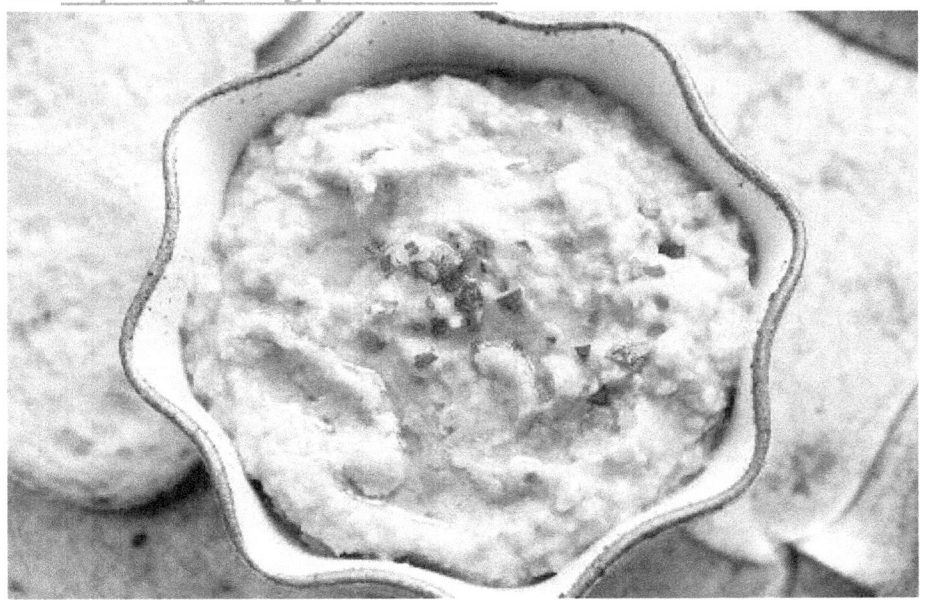

SASTOJCI:
- Jedna i pol šalica grčkog jogurta
- Jedna žlica nasjeckanog svježeg kopra
- Pola nasjeckanog pečenog patlidžana
- Dvije žlice maslinovog ulja
- Pola žličice soli
- Dvije žličice mljevenog češnjaka

UPUTE:
a) Uzmite veliku zdjelu.
b) Dodajte sve sastojke i dobro promiješajte.
c) Ukrasite jelo svježim koprom.

24. Grčke spanakopita proljetne rolnice

SASTOJCI:
- Jedno pakiranje omota proljetnih rolada
- Biljno ulje
- **ZA PUNJENJE:**
- Jedna šalica feta sira
- Četiri jaja
- Pola žličice svježe naribanog muškatnog oraščića
- Prstohvat soli
- Jedna žlica maslinovog ulja
- Četvrtina šalice nasjeckanog luka
- Jedna žličica mljevenog češnjaka
- Jedna žlica mlijeka
- Pola šalice nasjeckanog špinata
- Prstohvat mljevenog crnog papra

UPUTE:
a) Uzmite veliku tepsiju.
b) Dodajte maslinovo ulje u tavu.
c) Dodajte luk i češnjak kada se ulje zagrije.
d) Kuhajte luk dok ne omekša.
e) Izmiksajte jaja i u tavu dodajte nasjeckani špinat.
f) Kuhajte sastojke dok špinat ne uvene.
g) U tavu dodajte feta sir, mlijeko, crni papar, sol i svježe naribani muškatni oraščić.
h) Kuhajte sastojke oko pet minuta.
i) Isključite štednjak i ostavite smjesu da se ohladi.
j) Smjesu dodajte na omote proljetnih rolada i zarolajte.
k) Prodinstajte proljetne rolice dok ne porumene.
l) Izvadite spanakopitu kad je gotova.

25.Grčke tortilje pinwheels

SASTOJCI:
- Jedno pakiranje tortilja
- Biljno ulje

ZA PUNJENJE:
- Jedna šalica feta sira
- Jedna funta goveđeg mljevenog mesa
- Pola žličice svježe naribanog muškatnog oraščića
- Prstohvat soli
- Jedna žlica maslinovog ulja
- Četvrtina šalice nasjeckanog luka
- Jedna žličica mljevenog češnjaka
- Jedna žlica mlijeka
- Pola šalice nasjeckanog špinata
- Prstohvat mljevenog crnog papra

UPUTE:
a) Uzmite veliku tepsiju.
b) Dodajte maslinovo ulje u tavu.
c) Dodajte luk i češnjak kada se ulje zagrije.
d) Kuhajte luk dok ne omekša.
e) Izmiksajte junetinu i u tavu dodajte nasjeckani špinat.
f) Kuhajte sastojke dok špinat ne uvene.
g) U tavu dodajte feta sir, mlijeko, crni papar, sol i svježe naribani muškatni oraščić.
h) Kuhajte sastojke oko pet minuta.
i) Isključite štednjak i ostavite smjesu da se ohladi.
j) Smjesu dodajte na tortilje i zarolajte.
k) Pecite pinwheels dok ne porumene.
l) Izvadite pinwheels kada su gotovi.

26. Grčki punjeni zalogaji krastavaca

SASTOJCI:
- Kila krastavca

ZA PUNJENJE:
- Jedna šalica feta sira
- Jedna funta pilećeg mljevenog mesa
- Pola žličice svježe naribanog muškatnog oraščića
- Prstohvat soli
- Jedna žlica maslinovog ulja
- Četvrtina šalice nasjeckanog luka
- Jedna žličica mljevenog češnjaka
- Prstohvat mljevenog crnog papra
- Svježa menta

UPUTE:
a) Uzmite veliku tepsiju.
b) Dodajte maslinovo ulje u tavu.
c) Dodajte luk i češnjak kada se ulje zagrije.
d) Kuhajte luk dok ne omekša.
e) Izmiksajte piletinu u tavu.
f) U tavu dodajte feta sir, crni papar, sol i svježe naribani muškatni oraščić.
g) Kuhajte sastojke oko pet minuta.
h) Isključite štednjak i ostavite smjesu da se ohladi.
i) Smjesu dodajte na komadiće krastavca.
j) Jelo ukrasite nasjeckanim listićima mente.

27. Crisp začinjeni krumpir

SASTOJCI:
- 3 žlice maslinovog ulja
- 4 crvenkasta krumpira, oguljena i narezana na kockice
- 2 žlice mljevenog luka
- 2 češnja češnjaka, mljevena
- Sol i svježe mljeveni crni papar
- 1 1/2 žlice španjolske paprike
- 1/4 žličice Tabasco umaka
- 1/4 žličice mljevenog timijana
- 1/2 šalice kečapa
- 1/2 šalice majoneze
- Sjeckani peršin, za ukrašavanje
- 1 šalica maslinovog ulja, za prženje

UPUTE:
UMAK BRAVA:
a) Zagrijte 3 žlice maslinovog ulja u loncu na srednje jakoj vatri. Pirjajte luk i češnjak dok luk ne omekša.
b) Maknite tavu s vatre i umiješajte papriku, tabasco umak i timijan.
c) U zdjeli za miješanje pomiješajte kečap i majonezu.
d) Po ukusu začinite solju i paprom. Ukloni iz jednadžbe.

KRUMPIR:
e) Lagano začinite krumpir solju i crnim paprom.
f) Pržite krumpire u 1 šalici (8 fl. oz.) maslinovog ulja u velikoj tavi dok ne porumene i ne budu kuhani, povremeno ih miješajući.
g) Ocijedite krumpire na papirnatim ručnicima, kušajte ih i po potrebi dodatno posolite.
h) Kako bi krumpir ostao hrskav, pomiješajte ga s umakom neposredno prije posluživanja.
i) Poslužite toplo, ukrašeno nasjeckanim peršinom.

28. Grčka salata Cracker

SASTOJCI:
ZA PRELJEV:
- Pola žličice košer soli
- Dvije žličice svježe mljevenog crnog papra
- Četvrtina šalice crvenog vinskog octa
- Pola šalice maslinovog ulja
- Dvije žlice mljevenog češnjaka
- Dvije žličice svježeg origana
- Pola žličice sušenog origana

ZA SALATU:
- Jedna šalica feta sira
- Pola funte kriški hrskavog kruha
- Pola žličice mljevenog češnjaka
- Dvije žlice maslinovog ulja
- Pola šalice Kalamata maslina
- Jedna šalica crveno-narančaste paprike
- Jedna šalica engleskog krastavca
- Jedna šalica cherry rajčica

UPUTE:
a) Uzmite malu zdjelicu. U to dodajte maslinovo ulje i nasjeckani češnjak.
b) Umiješajte kriške kruha.
c) Pecite šnite desetak minuta.
d) Izvadite kriške kruha kada su gotove.
e) Uzmite veliku zdjelu. U zdjelu dodajte engleski krastavac, Kalamata masline, crveno-narančastu papriku, cherry rajčice i feta sir.
f) Sve dobro promiješajte i ostavite sa strane.
g) Uzmite malu zdjelicu.
h) Dodajte maslinovo ulje, crveni vinski ocat, košer sol, mljeveni češnjak, svježe zdrobljeni crni papar, svježi origano i sušeni origano.
i) Sve dobro promiješajte.
j) Ovim preljevom prelijte pripremljenu salatu.
k) Sve dobro izmiješajte i dodajte na popečene kriške kruha.

29. Zalogaji grčkog pita kruha

SASTOJCI:
- Zalogaji pita kruha od jedne funte
- Biljno ulje
- Jedna šalica višenamjenskog brašna
- Jedna šalica izmrvljenog feta sira
- Jedna šalica salse

UPUTE:
a) Narežite pita kruh na komade veličine zalogaja.
b) Umočite ga u višenamjensko brašno.
c) Uzmite veliku tavu.
d) Dodajte ulje u tavu i dobro zagrijte.
e) Dodajte pita kruh i pržite dok ne porumene.
f) Izvadite kruh i na vrh dodajte salsu i feta sir.

30. Grčke kuglice od tikvica (Kolokithokeftedes)

SASTOJCI:
- Jedan nasjeckani crveni luk
- Dva mljevena češnja češnjaka
- Prstohvat soli
- Prstohvat crnog papra
- Pola šalice listova mente
- Dvije šalice naribanih tikvica
- Pola žličice origana
- Jedno jaje
- Dvije žlice maslinovog ulja
- Jedna šalica grčkog jogurta

UPUTE:
a) Uzmite veliku zdjelu.
b) U zdjelu dodajte naribane tikvice, začine, metvicu, luk, češnjak i jaje.
c) Sve sastojke dobro izmiješajte i oblikujte okrugle kuglice.
d) Kuglice od tikvica pržite na maslinovom ulju dok ne porumene.
e) Izvadite kuglice.
f) Kuglice od tikvica poslužite s grčkim jogurtom sa strane.

31. Energetski zalogaji baklave

SASTOJCI:
- 1 šalica nasjeckanih orašastih plodova (npr. orasi, bademi)
- ¼ šalice valjane zobi
- 2 žlice meda
- ½ žličice mljevenog cimeta
- ¼ žličice mljevenog klinčića
- ¼ žličice ekstrakta vanilije
- 1 žlica sitno nasjeckanih suhih marelica (po želji)

UPUTE:
a) U sjeckalici pomiješajte nasjeckane orahe i zobene zobi. Pulsirajte dok se ne usitni.
b) Dodajte med, cimet, klinčiće i ekstrakt vanilije. Miksajte dok se smjesa ne sjedini.
c) Po želji umiješajte nasjeckane suhe marelice.
d) Smjesu razvaljajte u kuglice veličine zalogaja.
e) Ohladite u hladnjaku oko 30 minuta prije posluživanja.

32.S škampa gambas

SASTOJCI:
- 1/2 šalice maslinovog ulja
- Sok od 1 limuna
- 2 žličice morske soli
- 24 srednje velika račića, u ljusci s netaknutim glavama

UPUTE:
a) U zdjeli za miješanje pomiješajte maslinovo ulje, limunov sok i sol i miješajte dok se sve ne sjedini. Kako biste lagano premazali škampe, uronite ih u smjesu na nekoliko sekundi.
b) U suhoj tavi zagrijte ulje na jakoj vatri. Radeći u serijama, dodajte škampe u jednom sloju bez gužve u tavi kada je jako vruća. 1 minuta prženja
c) Smanjite vatru na srednju i kuhajte još jednu minutu. Pojačajte vatru i pržite škampe još 2 minute ili dok ne porumene.
d) Kozice držite na toplom u laganoj pećnici na vatrostalnoj ploči.
e) Na isti način skuhajte preostale škampe.

33. Miks staza inspiriran Mediteranom

SASTOJCI:
- 1 šalica sirovih badema
- 1 šalica sirovih indijskih oraščića
- 1 šalica neslanih pistacija
- ½ šalice suhih marelica, nasjeckanih
- ½ šalice suhih smokava, nasjeckanih
- ¼ šalice zlatnih grožđica
- ¼ šalice sušene rajčice, nasjeckane
- 1 žlica maslinovog ulja
- ½ žličice mljevenog kima
- ½ žličice paprike
- ¼ žličice morske soli
- ¼ žličice crnog papra

UPUTE:
a) Zagrijte pećnicu na 325°F (163°C).
b) U velikoj zdjeli pomiješajte bademe, indijske oraščiće i pistacije.
c) U maloj posudi pomiješajte maslinovo ulje, mljeveni kumin, papriku, morsku sol i crni papar.
d) Pokapajte mješavinu začina preko orašastih plodova i promiješajte da se ravnomjerno prekriju.
e) Začinjene orašaste plodove rasporedite po limu za pečenje u jednom sloju.
f) Orašaste plodove pecite u prethodno zagrijanoj pećnici 10-15 minuta, odnosno dok se lagano ne ispeku. Obavezno ih povremeno promiješajte kako biste bili ravnomjerno pečeni.
g) Nakon što su orasi pečeni, izvadite ih iz pećnice i ostavite da se potpuno ohlade.
h) U velikoj zdjeli za miješanje pomiješajte pržene orašaste plodove s nasjeckanim suhim marelicama, smokvama, zlatnim grožđicama i sušenim rajčicama.
i) Pomiješajte sve zajedno kako biste stvorili svoj mediteranski miks staza.
j) Čuvajte mješavinu staze u hermetički zatvorenoj posudi za grickanje u pokretu.

34. Zalogaji datulja i pistacija

SASTOJCI:
- 12 medjool datulja bez koštice
- ½ šalice oljuštenih pistacija
- 2 žlice krem sira ili kozjeg sira
- 1 žličica meda
- ½ žličice mljevenog kima
- ¼ žličice mljevene paprike
- Sol i crni papar po ukusu
- Listovi svježeg peršina za ukras (po želji)

UPUTE:
a) U sjeckalici izmiksajte pistacije bez ljuske dok se ne nasjeckaju. Prebacite ih u plitku zdjelu i ostavite sa strane.

b) U istom sjeckalici pomiješajte krem sir (ili kozji sir), med, mljeveni kumin, mljevenu papriku, sol i crni papar. Miksajte dok smjesa ne postane glatka i dobro sjedinjena.

c) Pažljivo otvorite svaku datulju bez koštica kako biste napravili mali džep.

d) Uzmite otprilike 1 čajnu žličicu smjese od sira i stavite je u svaku datulju, puneći džepić.

e) Nakon što nadjenete datulje uvaljajte u nasjeckane pistacije pazeći da pistacije prianjaju na smjesu od sira.

f) Nadjevene i premazane datulje stavite na pladanj za posluživanje.

g) Po želji ukrasite listićima svježeg peršina za dašak zelene boje.

h) Poslužite slane datulje i zalogaje pistacija odmah ili ih pohranite u hladnjak dok ne budete spremni za uživanje.

35.Patlidžani s medom

SASTOJCI:
- 3 žlice meda
- 3 patlidžana
- 2 šalice mlijeka
- 1 žlica soli
- 1 žlica papra
- 100 g brašna
- 4 žlice maslinovog ulja

UPUTE:
a) Tanko narežite patlidžan.
b) U posudi za miješanje pomiješajte patlidžane. U posudu ulijte toliko mlijeka da u potpunosti prekrije patlidžane. Začinite prstohvatom soli.
c) Ostavite najmanje jedan sat da se namače.
d) Izvadite patlidžane iz mlijeka i ostavite ih sa strane. Uz pomoć brašna premazati svaku šnitu. Premažite smjesom od soli i papra.
e) U tavi zagrijte maslinovo ulje. Ploške patlidžana pržiti na 180 stupnjeva C.
f) Pečene patlidžane stavite na papirnate ubruse da upiju višak ulja.
g) Patlidžane prelijte medom.
h) Poslužiti.

GRČKI RUČAK

36.Grčki klasični krumpir s limunom

SASTOJCI:
- Jedna šalica luka
- Jedna šalica juhe od povrća
- Pola žličice dimljene paprike
- Dvije žlice Dijon senfa
- Dvije žličice bijelog šećera
- Dvije žlice maslinovog ulja
- Dvije šalice paste od rajčice
- Jedna žlica sušenog ružmarina
- Prstohvat soli
- Prstohvat crnog papra
- Jedna čajna žličica osušene majčine dušice
- Jedna funta cvjetova cvjetače
- Dvije žlice mljevenog češnjaka
- Pola šalice suhog bijelog vina
- Pola šalice soka od limuna
- Pola šalice cilantra

UPUTE:
a) Uzmite veliku tepsiju.
b) U to dodajte maslinovo ulje i ploške luka.
c) Popržite ploške luka i zatim ga izvadite.
d) U tavu dodajte češnjak, komadiće krumpira, limunov sok i začine.
e) Kuhajte komade krumpira u začinima pet do deset minuta.
f) Dodajte ostale sastojke u smjesu.
g) Kuhajte smjesu dok ne počne ključati.
h) Smanjite vatru i pokrijte tavu poklopcem.
i) Nakon deset minuta skinite poklopac.
j) Provjerite krumpire prije nego što ih izvadite.
k) Prije posluživanja izmrvite ploške kuhanog luka.

37.Grčka salata

SASTOJCI:
ZA PRELJEV:
- Pola žličice košer soli
- Dvije žličice svježe mljevenog crnog papra
- Četvrtina šalice crvenog vinskog octa
- Pola šalice maslinovog ulja
- Dvije žlice mljevenog češnjaka
- Dvije žličice svježeg origana
- Pola žličice sušenog origana

ZA SALATU:
- Jedna šalica feta sira
- Pola šalice parmezana
- Pola funte kriški kruha
- Pola žličice mljevenog češnjaka
- Dvije žlice maslinovog ulja
- Pola šalice Kalamata maslina
- Jedna šalica crveno-narančaste paprike
- Jedna šalica engleskog krastavca
- Jedna šalica cherry rajčica

UPUTE:
a) Uzmite malu zdjelicu.
b) U to dodajte maslinovo ulje i nasjeckani češnjak.
c) Dobro izmiješajte i premažite šnite kruha.
d) Dodajte parmezan na vrh kriški.
e) Pecite šnite desetak minuta.
f) Izvadite kriške kruha kada su gotove.
g) Uzmite veliku zdjelu.
h) U zdjelu dodajte engleski krastavac, Kalamata masline, crveno-narančastu papriku, cherry rajčice i feta sir.
i) Sve dobro promiješajte i ostavite sa strane.
j) Uzmite malu zdjelicu.
k) Dodajte maslinovo ulje, crveni vinski ocat, košer sol, mljeveni češnjak, svježe zdrobljeni crni papar, svježi origano i sušeni origano.
l) Sve dobro promiješajte.
m) Ovim preljevom prelijte pripremljenu salatu.
n) Sve dobro izmiješajte i sa strane dodajte prepečene kriške kruha.

38.Grčki pileći giros

SASTOJCI:
- Četiri somuna
- Pola šalice juhe od povrća
- Četvrtina šalice soka od limuna
- Jedna šalica tzatziki umaka
- Pola šalice narezanog crvenog luka
- Pola šalice narezanih rajčica
- Pola šalice zelene salate
- Jedna žlica mljevenog češnjaka
- Jedna šalica paste od rajčice
- Dvije žlice maslinovog ulja
- Jedna žlica češnjaka u prahu
- Jedna žlica osušene majčine dušice
- Pola žličice mljevenog cimeta
- Dvije žlice čilija u prahu
- Četvrtina žličice svježeg muškatnog oraščića
- Prstohvat morske soli
- Dvije šalice komadića piletine

UPUTE:
a) Uzmite veliku tepsiju.
b) Dodajte maslinovo ulje i češnjak u tavu.
c) Dodajte origano, pastu od rajčice, dimljenu papriku, muškatni oraščić, čili u prahu, timijan i sol.
d) U tavu dodajte juhu od povrća, sok od limuna i komade piletine.
e) Sastojke dobro kuhajte petnaestak minuta.
f) Somune pecite oko dvije do tri minute.
g) Izrežite somune između tako da napravite strukturu vrećice.
h) Skuhanu smjesu dodajte u somun i obložite ga tzatziki umakom, romaine salatom, narezanim rajčicama i crvenim lukom.

39. Grčke mesne okruglice

SASTOJCI:
- Jedan nasjeckani crveni luk
- Dva mljevena češnja češnjaka
- Prstohvat soli
- Prstohvat crnog papra
- Pola šalice listova mente
- Dvije šalice goveđeg mljevenog mesa
- Pola žličice origana
- Jedno jaje
- Dvije žlice maslinovog ulja
- Jedna šalica grčkog jogurta

UPUTE:
a) Uzmite veliku zdjelu.
b) U zdjelu dodajte mljeveno meso, začine, metvicu, luk, češnjak i jaje.
c) Sve sastojke dobro izmiješajte i oblikujte okrugle kuglice.
d) Polpete pržite na maslinovom ulju dok ne porumene.
e) Izvadite mesne okruglice.
f) Sa strane poslužite mesne okruglice s grčkim jogurtom.

40.Grčke punjene paprike

SASTOJCI:
- Pola šalice kuhane riže
- Jedna šalica paste od rajčice
- Dvije žlice neslanog maslaca
- Tri žlice granuliranog šećera
- Pola šalice nasjeckane mrkve
- Jedna čajna žličica mljevenog đumbira
- Dvije šalice miješanog sira
- Sjeckani svježi peršin
- Dvije žlice maslinovog ulja
- Jedna funta zelene paprike
- Dvije šalice rajčica
- Prstohvat soli
- Prstohvat crnog papra
- Dvije šalice nasjeckanog krumpira
- Jedna šalica nasjeckanog crvenog luka
- Jedna žlica mljevenog češnjaka
- Pola šalice nasjeckanih tikvica

UPUTE:
a) Uzmite veliku tepsiju.
b) U tavu dodajte maslac i nasjeckani luk.
c) Kuhajte luk dok ne omekša.
d) Dodajte češnjak i đumbir, kao i nasjeckane tikvice, nasjeckani krumpir, rajčice, pastu od rajčice i nasjeckanu mrkvu.
e) Povrće dobro prokuhajte desetak minuta.
f) Dodajte kristalni šećer, kuhanu rižu, sol i papar.
g) Sve dobro izmiješajte i izlijte.
h) Paprike očistite iznutra i u njih dodajte kuhanu smjesu.
i) Na to dodajte izmiksani sir i slažite paprike u podmazan pleh.
j) Pecite paprike dok sir ne porumeni.
k) Paprike ukrasite svježe nasjeckanim peršinovim listom.

41. Grčka juha od graha

SASTOJCI:
- Pola šalice nasjeckanog svježeg timijana
- Pola šalice nasjeckanog svježeg origana
- Pola šalice nasjeckanog svježeg vlasca
- Jedna čajna žličica miješanog začinskog praha
- Pola žličice dimljene paprike
- Jedan list lovora
- Prstohvat soli
- Prstohvat crnog papra
- Dvije žlice maslinovog ulja
- Jedna funta graha
- Pola žlice nasjeckanog češnjaka
- Dvije šalice nasjeckanih rajčica
- Jedna šalica nasjeckanog luka
- Jedna šalica nasjeckanog peršina
- Jedna šalica temeljca od povrća
- Jedna šalica vode

UPUTE:
a) Uzmite veliku tepsiju.
b) U to dodajte nasjeckani luk i maslinovo ulje.
c) Dobro izmiješajte sastojke.
d) U tavu dodajte nasjeckani češnjak.
e) U tavu dodajte rajčice, origano, lovorov list, sol, crni papar, majčinu dušicu, dimljenu papriku, pomiješajte začine i vlasac.
f) Sastojke dobro prokuhati.
g) Dodajte grah u smjesu.
h) U tavu dodajte povrtni temeljac i vodu.
i) Dobro izmiješajte juhu.
j) Stavite poklopac na vrh posude.
k) Kuhajte juhu deset do petnaest minuta.
l) Izlijte juhu kada je grah gotov.
m) Odozgo jelo ukrasite nasjeckanim peršinom.

42. Grčki pečeni zeleni grah

SASTOJCI:
- Prstohvat soli
- Prstohvat crnog papra
- Četiri šalice zelenih mahuna narezanih na kockice
- Jedna šalica nasjeckanog luka
- Pola žlice nasjeckanog češnjaka,
- Tri žlice maslinovog ulja
- Dvije žlice granuliranog šećera
- Dvije žlice nasjeckanog peršina
- Jedna supena kašika dimljene paprike
- Dvije žlice svježeg origana
- Dvije žlice svježeg timijana
- Pola šalice temeljca od povrća
- Jedna šalica nasjeckanih rajčica

UPUTE:
a) Uzmite veliku tepsiju.
b) Dodajte mu nasjeckani luk i maslinovo ulje.
c) Dobro izmiješajte sastojke.
d) U tavu dodajte nasjeckani češnjak.
e) U tavu dodajte rajčice, origano, sol, crni papar, kristalni šećer, timijan i dimljenu papriku.
f) Sastojke dobro prokuhati.
g) Smjesi dodajte mahune narezane na kockice.
h) U tavu dodajte temeljac od povrća.
i) Dobro izmiješajte sastojke.
j) Stavite poklopac na vrh posude.
k) Kuhajte mahune deset do petnaest minuta.
l) Izbacite hranu kad su mahune gotove.
m) Odozgo jelo ukrasite nasjeckanim peršinom.

43.Grčka juha od leće

SASTOJCI:
- Prstohvat soli
- Prstohvat crnog papra
- Dvije žlice maslinovog ulja
- Jedna funta miješane leće
- Pola žlice nasjeckanog češnjaka
- Dvije šalice nasjeckanih rajčica
- Pola šalice nasjeckanog svježeg timijana
- Pola šalice nasjeckanog svježeg origana
- Pola šalice nasjeckanog svježeg vlasca
- Jedna čajna žličica miješanog začinskog praha
- Pola žličice dimljene paprike
- Jedan list lovora
- Jedna šalica nasjeckanog luka
- Jedna šalica nasjeckanog peršina
- Jedna šalica temeljca od povrća
- Jedna šalica vode

UPUTE:
a) Uzmite veliku tepsiju.
b) U to dodajte nasjeckani luk i maslinovo ulje.
c) Dobro izmiješajte sastojke.
d) U tavu dodajte nasjeckani češnjak.
e) U tavu dodajte rajčice, origano, lovorov list, sol, crni papar, majčinu dušicu, dimljenu papriku, pomiješajte začine i vlasac.
f) Sastojke dobro prokuhati.
g) Dodajte leću u smjesu.
h) U tavu dodajte povrtni temeljac i vodu.
i) 9. Juhu dobro izmiješajte.
j) Stavite poklopac na vrh posude.
k) Kuhajte juhu deset do petnaest minuta.
l) Izlijte juhu kad je leća gotova.
m) Odozgo jelo ukrasite nasjeckanim peršinom.

44. Grčka juha od slanutka

SASTOJCI:
- Jedna šalica nasjeckanog luka
- Jedna šalica nasjeckanog peršina
- Jedna šalica temeljca od povrća
- Jedna šalica vode
- Prstohvat soli
- Prstohvat crnog papra
- Dvije žlice maslinovog ulja
- Jedna funta slanutka
- Pola žlice nasjeckanog češnjaka
- Dvije šalice nasjeckanih rajčica
- Pola šalice nasjeckanog svježeg timijana
- Pola šalice nasjeckanog svježeg origana
- Pola šalice nasjeckanog svježeg vlasca
- Jedna čajna žličica miješanog začinskog praha
- Pola žličice dimljene paprike
- Jedan list lovora

UPUTE:
a) Uzmite veliku tepsiju.
b) U to dodajte nasjeckani luk i maslinovo ulje.
c) Dobro izmiješajte sastojke.
d) U tavu dodajte nasjeckani češnjak.
e) U tavu dodajte rajčicu, origano, lovorov list, sol, crni papar, majčinu dušicu, dimljenu papriku, pomiješajte začine i vlasac.
f) Sastojke dobro prokuhati.
g) Dodajte slanutak u smjesu.
h) U tavu dodajte povrtni temeljac i vodu.
i) Dobro izmiješajte juhu.
j) Stavite poklopac na vrh posude.
k) Kuhajte juhu deset do petnaest minuta.
l) Izvadite juhu kada je slanutak gotov.
m) Odozgo jelo ukrasite nasjeckanim peršinom.

45.grčki suvlaki

SASTOJCI:
- Pola žlice nasjeckanog češnjaka,
- Tri žlice maslinovog ulja
- Dvije žlice granuliranog šećera
- Dvije žlice nasjeckanog peršina
- Jedna supena kašika dimljene paprike
- Dvije žlice svježeg origana
- Dvije žlice svježeg timijana
- Pola šalice nasjeckanog svježeg vlasca
- Jedna čajna žličica miješanog začinskog praha
- Pola žličice dimljene paprike
- Jedna funta pilećih bataka
- Pita kruh

UPUTE:
a) Uzmite veliku zdjelu.
b) Dodajte sve sastojke u zdjelu.
c) Marinadu dobro promiješajte.
d) Na grill tavi ispecite komade piletine.
e) Izvadite kad komadi piletine porumene s obje strane.
f) Poslužite souvlaki s pita kruhom sa strane.

46. Grčke lazanje (musaka) od govedine i patlidžana

SASTOJCI:
- Jedna žlica mljevenog češnjaka
- Dvije žlice svježe nasjeckanog kopra
- Jedna šalica feta sira
- Dvije šalice goveđeg mljevenog mesa
- Prstohvat soli
- Prstohvat mljevenog crnog papra
- Jedna šalica komadića patlidžana
- Dvije žlice maslinovog ulja
- Tri šalice mladog špinata
- Dvije šalice crvenog krumpira
- Jedna šalica nasjeckanog luka
- Dvije šalice umaka od rajčice
- Dvije šalice bešamela

UPUTE:
a) Uzmite veliku zdjelu.
b) U zdjelu dodajte patlidžan, goveđe mljeveno meso, krumpir, mladi špinat.
c) U zdjelu pomiješajte maslinovo ulje, sol i mljeveni crni papar.
d) Pecite sastojke u pećnici dvadesetak minuta.
e) Uzmite veliku tepsiju.
f) Dodajte maslinovo ulje i luk u tavu.
g) Kuhajte luk dok ne omekša.
h) Dodajte nasjeckani češnjak u tavu.
i) Sastojke dobro prokuhati.
j) Dodajte feta sir, sol i crni papar u tavu.
k) Sve sastojke dobro izmiješajte i u njih dodajte nasjeckani kopar
l) tava.
m) Pečenu junetinu i povrće dodajte u tavu pa promiješajte
n) sve dobro.
o) Dodajte umak od rajčice i bešamel na vrh mješavine povrća.
p) Pecite još desetak minuta.

47. Mediteranska salata od slanutka

SASTOJCI:
- 2 konzerve (15 unci svaka) slanutka, ocijeđene i isprane
- 1 šalica cherry rajčica, prepolovljenih
- 1 krastavac, narezan na kockice
- ½ crvenog luka, sitno nasjeckanog
- ¼ šalice Kalamata maslina, bez koštica i narezanih
- ¼ šalice feta sira, izmrvljenog
- 2 žlice ekstra djevičanskog maslinovog ulja
- 2 žlice crvenog vinskog octa
- 1 žličica sušenog origana
- Posolite i popaprite po ukusu

UPUTE:
a) U velikoj zdjeli za salatu pomiješajte slanutak, cherry rajčice, krastavac, crveni luk i Kalamata masline.
b) U maloj posudi pomiješajte maslinovo ulje, crveni vinski ocat, sušeni origano, sol i papar.
c) Prelijte preljev preko salate i promiješajte da se sjedini.
d) Prelijte izmrvljenim feta sirom.
e) Poslužite ohlađeno i uživajte!

48. Piletina sa začinskim biljem i limunom s kvinojom i breskvom

SASTOJCI:
ZA PILETINU SA LIMUNSKIM ZAČINOM:
- 1 mali pileći batak (3 oz, bez kostiju, bez kože)
- ¼ limuna, iscijeđen
- ¼ žličice paprike
- Posolite i popaprite po ukusu
- Kanola ili biljno ulje za roštiljanje

ZA SALATU OD KVINOJE I BRESKVE:
- 1 šalica kuhane kvinoje
- 1 velika breskva, očišćena od jezgre i nasjeckana
- 2 žlice svježeg bosiljka, natrganog
- 10 polovica pecana, nasjeckanih
- 1 žličica maslinovog ulja

UPUTE:
ZA PILETINU SA LIMUNSKIM ZAČINOM:
a) U maloj zdjeli pomiješajte limunov sok, papriku, sol i papar kako biste napravili marinadu.
b) Stavite pileći batak u plastičnu vrećicu koja se može zatvoriti ili plitku posudu i prelijte ga marinadom.
c) Zatvorite vrećicu ili poklopite posudu i marinirajte piletinu u hladnjaku najmanje 30 minuta, ili duže za više okusa.
d) Zagrijte roštilj ili tavu na srednje jakoj vatri i namažite je uljanom repicom ili biljnim uljem.
e) Pecite pileći batak na roštilju oko 6-7 minuta sa svake strane ili dok ne bude pečen i ima tragove roštilja.
f) Uklonite piletinu s roštilja i ostavite je da odstoji nekoliko minuta prije rezanja.

ZA SALATU OD KVINOJE I BRESKVE:
g) U zasebnoj zdjeli pomiješajte kuhanu kvinoju, nasjeckanu breskvu, natrgani svježi bosiljak i nasjeckane polovice oraha oraha.
h) Pokapajte 1 žličicu maslinovog ulja preko salate i lagano promiješajte da se sjedini.
i) Začinite solju i paprom po ukusu.
j) Poslužite piletinu na žaru s limunovim začinskim biljem uz salatu od kvinoje i breskve.

49. Zamotaj od grčke salate

SASTOJCI:
- 2 tortilje od cjelovitog zrna pšenice
- ¼ šalice zelene salate ili miješanog zeleniša
- 1 šalica krastavaca narezanih na kockice
- 1 šalica rajčice narezane na kockice
- ½ šalice crvenog luka nasjeckanog na kockice
- ¼ šalice izmrvljenog feta sira
- ¼ šalice Kalamata maslina, bez koštica i narezanih
- 2 žlice ekstra djevičanskog maslinovog ulja
- 2 žlice crvenog vinskog octa
- 1 žličica sušenog origana
- Posolite i popaprite po ukusu

UPUTE:
a) U zdjeli pomiješajte krastavce, rajčice, crveni luk, feta sir i Kalamata masline.
b) U maloj posudi pomiješajte maslinovo ulje, crveni vinski ocat, sušeni origano, sol i papar.
c) Prelijte preljev preko salate i promiješajte da se sjedini.
d) Zagrijte tortilje od cjelovitog zrna pšenice u tavi ili mikrovalnoj pećnici.
e) Položite zelenu salatu na tortilje.
f) Žlicom stavljajte smjesu salate na tortilje, presavijte ih sa strane i zarolajte ih kao foliju.
g) Prepolovite i poslužite.

50. Mediteranska salata od kvinoje

SASTOJCI:
- 1 šalica kvinoje
- 2 šalice vode
- 1 šalica cherry rajčica, prepolovljenih
- 1 krastavac, narezan na kockice
- ½ crvene paprike, narezane na kockice
- ¼ šalice crvenog luka, sitno nasjeckanog
- ¼ šalice svježeg peršina, nasjeckanog
- ¼ šalice feta sira, izmrvljenog
- 2 žlice ekstra djevičanskog maslinovog ulja
- 2 žlice soka od limuna
- 1 žličica sušenog origana
- Posolite i popaprite po ukusu

UPUTE:
a) Isperite kvinoju pod hladnom vodom.
b) U loncu pomiješajte kvinoju i vodu, zakuhajte, a zatim smanjite na laganoj vatri. Poklopite i kuhajte oko 15 minuta ili dok voda ne upije.
c) U velikoj zdjeli pomiješajte kuhanu kvinoju, cherry rajčice, krastavac, crvenu papriku, crveni luk i svježi peršin.
d) U maloj posudi pomiješajte maslinovo ulje, limunov sok, sušeni origano, sol i papar.
e) Prelijte preljev preko salate i promiješajte da se sjedini.
f) Prelijte izmrvljenim feta sirom.
g) Poslužite ohlađeno i uživajte!

51.Salata od mediteranske tune i bijelog graha

SASTOJCI:
- 1 konzerva (6 unci) tune u vodi, ocijeđena
- 1 konzerva (15 unci) bijelog graha, ocijeđenog i ispranog
- ½ šalice cherry rajčica, prepolovljenih
- ¼ šalice crvenog luka, sitno nasjeckanog
- 2 žlice svježeg bosiljka, nasjeckanog
- 2 žlice ekstra djevičanskog maslinovog ulja
- 1 žlica crvenog vinskog octa
- 1 režanj češnjaka, samljeven
- Posolite i popaprite po ukusu

UPUTE:
a) U zdjeli pomiješajte ocijeđenu tunu, bijeli grah, cherry rajčice, crveni luk i svježi bosiljak.
b) U maloj zdjeli pomiješajte maslinovo ulje, crveni vinski ocat, nasjeckani češnjak, sol i papar.
c) Prelijte preljev preko salate i promiješajte da se sjedini.
d) Ovu mediteransku salatu od tune i bijelog graha poslužite kao ukusan ručak pun proteina.

52.Lignje i riža

SASTOJCI:
- 6 oz. plodovi mora (po izboru)
- 3 češnja češnjaka
- 1 glavica luka srednje veličine (narezana na ploške)
- 3 žlice maslinovog ulja
- 1 zelena paprika (narezana)
- 1 žlica crnila od lignji
- 1 vezica peršina
- 2 žlice paprike
- 550 grama lignje (očišćene)
- 1 žlica soli
- 2 celera (na kockice)
- 1 list svježeg lovora
- 2 rajčice srednje veličine (naribane)
- 300 g calasparra riže
- 125 ml bijelog vina
- 2 šalice ribljeg temeljca
- 1 limun

UPUTE:
a) U tavu ulijte maslinovo ulje. Pomiješajte luk, lovorov list, papar i češnjak u zdjeli za miješanje. Ostavite par minuta prženja.
b) Ubacite lignje i plodove mora. Kuhajte nekoliko minuta pa izvadite lignje/plodove mora.
c) U velikoj zdjeli za miješanje pomiješajte papriku, rajčice, sol, celer, vino i peršin. Ostavite 5 minuta da se povrće dovrši kuhanje.
d) Ubacite ispranu rižu u tavu. Pomiješajte riblji temeljac i crnilo od lignji u zdjeli za miješanje.
e) Kuhajte ukupno 10 minuta. Pomiješajte plodove mora i lignje u velikoj zdjeli za miješanje.
f) Kuhajte još 5 minuta.
g) Poslužite uz aioli ili limun.

GRČKA VEČERA

53.Grčki punjeni listovi grožđa

SASTOJCI:
- Pola šalice kuhane riže
- Jedna šalica paste od rajčice
- Dvije žlice neslanog maslaca
- Tri žlice granuliranog šećera
- Dvije šalice kuhane govedine
- Jedna čajna žličica mljevenog đumbira
- Dvije šalice miješanog sira
- Sjeckani svježi peršin
- Dvije žlice maslinovog ulja
- Jedna funta lišća grožđa
- Dvije šalice rajčica
- Prstohvat soli
- Prstohvat crnog papra
- Jedna šalica nasjeckanog crvenog luka
- Jedna žlica mljevenog češnjaka

UPUTE:
a) Uzmite veliku tepsiju.
b) U tavu dodajte maslac i nasjeckani luk.
c) Kuhajte luk dok ne omekša.
d) Dodajte češnjak i đumbir, kao i goveđe mljeveno meso, rajčice i pastu od rajčice.
e) Junetinu dobro kuhajte desetak minuta.
f) Dodajte kristalni šećer, kuhanu rižu, sol i papar.
g) Sve dobro izmiješajte i izlijte.
h) Listove vinove loze očistite i u njih dodajte kuhanu smjesu.
i) Listove vinove loze zarolajte.
j) Na to dodajte izmiksani sir, a lističe vinove loze rasporedite u podmazan pleh.
k) Listove vinove loze kuhajte na pari desetak do petnaest minuta.
l) Listove vinove loze ukrasite svježe nasjeckanim peršinovim listom.

54.Grčki pečeni orzo

SASTOJCI:
- Jedna šalica nekuhanog orza
- Dvije šalice komadića piletine
- Osam unci svježe narezanog špinata
- Jedna žlica svježeg kopra
- Četiri žličice maslinova ulja
- Jedna čajna žličica sušenog origana
- Dva češnja nasjeckanog češnjaka
- Dvije šalice punomasnog mlijeka
- Pet unci sušene rajčice
- Jedna šalica izmrvljenog feta sira
- Jedna žličica limunskog papra
- Jedna žličica soli
- Jedna žličica papra

UPUTE:
a) Uzmite veliku zdjelu.
b) Dodajte papar, limun papar, svježi kopar, sušeni origano i sol u zdjelu.
c) Sve sastojke dobro promiješajte.
d) U zdjelu dodajte komade piletine, orzo, maslinovo ulje i špinat.
e) Sastojke dobro izmiješati te dodati nasjeckani češnjak i ostale sastojke.
f) Pomiješajte sve sastojke iz obje zdjele zajedno.
g) Smjesu izliti u namašćenu posudu za pečenje.
h) Pecite orzo dvadeset pet do trideset minuta.
i) Izvadite orzo kad je gotov.
j) Jelo je spremno za posluživanje.

55.Grčka Spanakopita

SASTOJCI:
ZA TIJESTO:
- Dvije šalice višenamjenskog brašna
- Dvije žličice fine morske soli
- Pola šalice neslanog mekog maslaca
- Dva cijela jajeta
- Četvrtina šalice ledene vode

ZA PUNJENJE:
- Jedna šalica feta sira
- Četiri jaja
- Pola žličice svježe naribanog muškatnog oraščića
- Prstohvat soli
- Jedna žlica maslinovog ulja
- Četvrtina šalice nasjeckanog luka
- Jedna žličica mljevenog češnjaka
- Jedna žlica mlijeka
- Pola šalice nasjeckanog špinata
- Prstohvat mljevenog crnog papra

UPUTE:
a) Uzmite veliku zdjelu.
b) Dodajte brašno i morsku sol u zdjelu.
c) Sastojke dobro izmiješajte pa u zdjelu dodajte jaja, vodu i omekšali maslac.
d) Sve sastojke dobro izmiješajte da dobijete tijesto.
e) Uzmite veliku tepsiju.
f) Dodajte maslinovo ulje u tavu.
g) Dodajte luk i češnjak kada se ulje zagrije.
h) Kuhajte luk dok ne omekša.
i) Izmiksajte jaja i u tavu dodajte nasjeckani špinat.
j) Kuhajte sastojke dok špinat ne uvene.
k) U tavu dodajte feta sir, mlijeko, crni papar, sol i svježe naribani muškatni oraščić.
l) Kuhajte sastojke oko pet minuta.
m) Isključite štednjak i ostavite smjesu da se ohladi.
n) Razvaljajte tijesto i polovicu stavite u okruglu posudu za pečenje.
o) Skuhanu smjesu dodajte u tijesto i smjesu prekrijte ostatkom tijesta.
p) Spanakopitu pecite oko dvadeset do dvadeset pet minuta.
q) Izvadite spanakopitu kad je gotova.

56. Grčke pite od sira (Tiropita)

SASTOJCI:
- Četvrtina šalice grčkog feta sira
- Jedna šalica gruyere sira
- Jedna šalica mlijeka
- Četiri cijela jaja
- Četvrtina šalice Philadelphia sira
- pola šalice otopljenog maslaca
- Jedno pakiranje organskih filo listova
- Jedna grančica svježeg lišća majčine dušice
- Dvije žlice sjemenki sezama
- Prstohvat soli
- Prstohvat svježe mljevenog crnog papra

UPUTE:
a) Uzmite veliku tepsiju.
b) Dodajte maslac u tavu i otopite ga.
c) U tavu dodajte sjemenke sezama, jaja, sol i papar.
d) Jaja dobro skuhajte, a zatim dodajte majčinu dušicu u tavu.
e) Kuhajte jelo dvije do tri minute i zatim ga izvadite.
f) Mlijeko, Philadelphia sir, grčki feta sir i gruyere sir dodajte kad se smjesa ohladi.
g) Sve dobro promiješajte.
h) Filo izrežite na željeni oblik i u sredinu dodajte gornju smjesu.
i) Stavite pite u podmazan pleh.
j) Stavite tepsiju u zagrijanu pećnicu.
k) Pecite pite oko četrdeset pet do pedeset minuta.
l) Izvadite pite kada poprime zlatnosmeđu boju.
m) Jelo je spremno za posluživanje.

57.Grčki sporo kuhani janjeći giros

SASTOJCI:
- Četiri somuna
- Pola šalice juhe od povrća
- Četvrtina šalice soka od limuna
- Jedna šalica tzatziki umaka
- Pola šalice narezanog crvenog luka
- Pola šalice narezanih rajčica
- Pola šalice zelene salate
- Jedna žlica mljevenog češnjaka
- Jedna šalica paste od rajčice
- Dvije žlice maslinovog ulja
- Jedna žlica češnjaka u prahu
- Jedna žlica osušene majčine dušice
- Pola žličice mljevenog cimeta
- Dvije žlice čilija u prahu
- Četvrtina žličice svježeg muškatnog oraščića
- Prstohvat morske soli
- Dvije šalice janjećih komada

UPUTE:
a) Uzmite veliku tepsiju.
b) Dodajte maslinovo ulje i češnjak u tavu.
c) Dodajte origano, pastu od rajčice, dimljenu papriku, muškatni oraščić, čili u prahu, timijan i sol.
d) U tavu dodajte juhu od povrća, limunov sok i komade janjetine.
e) Usporiti ringlu i kuhati tridesetak minuta.
f) Sastojke dobro kuhajte petnaestak minuta.
g) Somune pecite oko dvije do tri minute.
h) Izrežite somune između tako da napravite strukturu vrećice.
i) Skuhanu smjesu dodajte u somun i obložite ga tzatziki umakom, romaine salatom, narezanim rajčicama i crvenim lukom.

58.Tikvice punjene grčkom janjetinom

SASTOJCI:
- Četiri žlice maslinova ulja
- Jedna šalica nasjeckanog luka
- Jedna čajna žličica cimeta
- Četiri nasjeckana češnjaka
- Četvrtina šalice grožđica
- Šest tikvica
- Dvije šalice janjećeg mljevenog mesa
- Četvrtina šalice nasjeckanih grožđica
- Dvije žlice pinjola
- Jedna šalica feta sira
- Nasjeckani listovi mente

UPUTE:
a) Uzmi tavu.
b) Dodajte ulje u tavu.
c) U tavu dodajte sve sastojke osim mente, feta sira i tikvica.
d) Sastojke dobro skuhajte, a zatim ih sameljite.
e) Dodajte pastu na vrh tikvica i prekrijte je feta sirom.
f) Pecite tikvice oko deset do petnaest minuta.
g) Izvadite tikvice i ukrasite nasjeckanim listićima mente.

59. Grčka janjetina Kleftiko

SASTOJCI:
- Dvije šalice janjećih komada
- Jedna žlica svježeg kopra
- Četiri žličice maslinova ulja
- Jedna čajna žličica sušenog origana
- Dva češnja nasjeckanog češnjaka
- Dvije šalice punomasnog mlijeka
- Pet unci sušene rajčice
- Jedna šalica izmrvljenog feta sira
- Jedna žličica limunskog papra
- Jedna žličica soli
- Jedna žličica papra

UPUTE:
a) Uzmite veliku zdjelu.
b) Dodajte papar, limun papar, svježi kopar, sušeni origano i sol u zdjelu.
c) Sve sastojke dobro promiješajte.
d) U zdjelu dodajte komade janjetine i maslinovo ulje.
e) Sastojke dobro izmiješati te dodati nasjeckani češnjak i ostale sastojke.
f) Pomiješajte sve sastojke iz obje zdjele zajedno.
g) Smjesu dodajte u namašćenu posudu za pečenje.
h) Janjeći kleftiko pecite dvadeset pet do trideset minuta.
i) Izvadite kleftiko kad je gotov.
j) Jelo je spremno za posluživanje.

60. Začinjeni janjeći kotleti s dimljenim patlidžanom

SASTOJCI:
- Dvije šalice janjećih komada
- Jedna žlica svježeg kopra
- Četiri žličice maslinova ulja
- Jedna čajna žličica sušenog origana
- Dvije žličice miješanog začina
- Dva češnja nasjeckanog češnjaka
- Dvije šalice patlidžana
- Jedna šalica izmrvljenog feta sira
- Jedna žličica limunskog papra
- Jedna žličica soli
- Jedna žličica papra

UPUTE:
a) Uzmite veliku zdjelu.
b) U zdjelu dodajte papriku, komadiće patlidžana, mješavinu začina, limun papar, svježi kopar, sušeni origano i sol.
c) Sve sastojke dobro promiješajte.
d) U zdjelu dodajte komade janjetine i maslinovo ulje.
e) Sastojke dobro izmiješati te dodati nasjeckani češnjak i ostale sastojke.
f) Pomiješajte sve sastojke iz obje zdjele zajedno.
g) Smjesu dodajte u namašćenu posudu za pečenje.
h) Pecite janjetinu i patlidžan na roštilju dvadeset pet do trideset minuta.
i) Izvadite janjetinu i patlidžan kad su gotovi.
j) Jelo je spremno za posluživanje.

61.Grčki Aboridžini i janjetina Pasticcio

SASTOJCI:
- Jedna žlica mljevenog češnjaka
- Dvije žlice svježe nasjeckanog kopra
- Jedna šalica feta sira
- Dvije šalice janjećeg mljevenog mesa
- Prstohvat soli
- Prstohvat mljevenog crnog papra
- Jedna šalica komadića patlidžana
- Dvije žlice maslinovog ulja
- Tri šalice mladog špinata
- Dvije šalice crvenog krumpira
- Jedna šalica nasjeckanog luka
- Dvije šalice umaka od rajčice
- Dvije šalice bešamela

UPUTE:
a) Uzmite veliku zdjelu.
b) U zdjelu dodajte patlidžan, janjetinu, krumpir, mladi špinat.
c) U zdjelu pomiješajte maslinovo ulje, sol i mljeveni crni papar.
d) Pecite sastojke u pećnici dvadesetak minuta.
e) Uzmite veliku tepsiju.
f) Dodajte maslinovo ulje i luk u tavu.
g) Kuhajte luk dok ne omekša.
h) Dodajte nasjeckani češnjak u tavu.
i) Sastojke dobro prokuhati.
j) Dodajte feta sir, sol i crni papar u tavu.
k) Sve sastojke dobro izmiješajte i u njih dodajte nasjeckani kopar
l) tava.
m) U tepsiju dodati pečenu janjetinu i povrće pa promiješati
n) sve dobro.
o) Dodajte umak od rajčice i bešamel na vrh mješavine povrća.
p) Pecite još desetak minuta.

62. Grčka zelena salata s mariniranom fetom

SASTOJCI:
ZA PRELJEV:
- Pola žličice košer soli
- Dvije žličice svježe mljevenog crnog papra
- Četvrtina šalice crvenog vinskog octa
- Pola šalice maslinovog ulja
- Dvije žlice mljevenog češnjaka
- Dvije žličice svježeg origana
- Pola žličice sušenog origana

ZA SALATU:
- Jedna šalica mariniranog feta sira
- Pola funte kriški kruha
- Pola žličice mljevenog češnjaka
- Dvije žlice maslinovog ulja
- Pola šalice Kalamata maslina
- Jedna šalica crveno-narančaste paprike
- Jedna šalica engleskog krastavca
- Jedna šalica cherry rajčica

UPUTE:
a)   Uzmite malu zdjelicu.
b)   U to dodajte maslinovo ulje i nasjeckani češnjak.
c)   Dobro izmiješajte i premažite šnite kruha.
d)   Izvadite kriške kruha kada su gotove.
e)   Uzmite veliku zdjelu.
f)   U zdjelu dodajte engleski krastavac, Kalamata masline, crveno-narančastu papriku, cherry rajčice i marinirani feta sir.
g)   Sve dobro promiješajte i ostavite sa strane.
h)   Uzmite malu zdjelicu.
i)   Dodajte maslinovo ulje, crveni vinski ocat, košer sol, mljeveni češnjak, svježe zdrobljeni crni papar, svježi origano i sušeni origano.
j)   Sve dobro promiješajte.
k)   Ovim preljevom prelijte pripremljenu salatu.
l)   Sve dobro izmiješajte i sa strane dodajte prepečene kriške kruha.

63.Pitas od grčke janjetine

SASTOJCI:
- Dvije žlice maslinovog ulja
- Dvije kriške pita kruha
- Dva velika jaja
- Jedna zrela cherry rajčica
- Dvije šalice janjećih komada
- Jedna šalica nasjeckanog luka
- Pola šalice nasjeckanog bosiljka
- Četvrtina šalice izmrvljenog feta sira
- Prstohvat soli
- Prstohvat crnog papra
- Hrpa nasjeckanog cilantra

UPUTE:
a) Uzmite veliku tepsiju.
b) Dodajte maslinovo ulje u tavu.
c) Dodajte luk i sol u tavu.
d) Luk dobro prodinstajte, a zatim dodajte crni papar u tavu.
e) U smjesu dodajte komade janjetine.
f) U smjesu dodajte nasjeckani bosiljak.
g) Sastojke dobro kuhajte petnaestak minuta.
h) Izvadite kad su komadi janjetine gotovi.
i) Pustite da se meso ohladi pa u njega dodajte izmrvljeni feta sir.
j) Dobro promiješajte.
k) Zagrijte pita kruhove.
l) U kruhu izrežite rupu i u nju dodajte skuhanu smjesu.
m) Ukrasite kruh nasjeckanim cilantrom.

64. Mediteranski pečeni losos

SASTOJCI:
ZA PEČENI LOSOS:
- 2 fileta lososa (6 unci svaki)
- 2 češnja češnjaka, mljevena
- 2 žlice ekstra djevičanskog maslinovog ulja
- 1 limun, iscijeđen
- 1 žličica sušenog origana
- Posolite i popaprite po ukusu

ZA GRČKU SALATU:
- 1 krastavac, narezan na kockice
- 1 šalica cherry rajčica, prepolovljenih
- ½ crvenog luka, sitno nasjeckanog
- ¼ šalice Kalamata maslina, bez koštica i narezanih
- ¼ šalice izmrvljenog feta sira
- 2 žlice ekstra djevičanskog maslinovog ulja
- 2 žlice crvenog vinskog octa
- 1 žličica sušenog origana
- Posolite i popaprite po ukusu

UPUTE:
ZA PEČENI LOSOS:
a) Zagrijte pećnicu na 375°F (190°C).
b) U maloj zdjeli pomiješajte mljeveni češnjak, ekstradjevičansko maslinovo ulje, limunov sok, sušeni origano, sol i papar.
c) Stavite filete lososa na pleh obložen papirom za pečenje.
d) Premažite losos mješavinom limuna i češnjaka.
e) Pecite 15-20 minuta ili dok se losos vilicom lako ne raskine.

ZA GRČKU SALATU:
f) U velikoj zdjeli za salatu pomiješajte krastavce narezane na kockice, cherry rajčice, crveni luk, Kalamata masline i izmrvljeni feta sir.
g) U maloj posudi pomiješajte ekstra djevičansko maslinovo ulje, crveni vinski ocat, sušeni origano, sol i papar.
h) Prelijte preljev preko salate i promiješajte da se sjedini.
i) Pečenog lososa poslužite uz grčku salatu.

65. Mediteranska kvinoja punjena paprika

SASTOJCI:
- 4 velike paprike (bilo koje boje)
- 1 šalica kvinoje
- 2 šalice vode
- 1 konzerva (15 unci) slanutka, ocijeđena i isprana
- ½ šalice rajčice narezane na kockice
- ¼ šalice nasjeckanog svježeg peršina
- ¼ šalice izmrvljenog feta sira
- 2 žlice ekstra djevičanskog maslinovog ulja
- 1 žlica soka od limuna
- 1 žličica sušenog origana
- Posolite i popaprite po ukusu
- Listovi bosiljka, za ukrašavanje

UPUTE:
a) Zagrijte pećnicu na 375°F (190°C).
b) Paprikama odrežite vrhove i uklonite sjemenke i opne.
c) U loncu pomiješajte kvinoju i vodu, zakuhajte, a zatim smanjite na laganoj vatri. Poklopite i kuhajte oko 15 minuta ili dok voda ne upije.
d) U zdjeli pomiješajte kuhanu kvinoju, slanutak, rajčicu narezanu na kockice, nasjeckani svježi peršin i izmrvljeni feta sir.
e) Dodajte ekstra djevičansko maslinovo ulje, limunov sok, sušeni origano, sol i papar u smjesu kvinoje. Dobro promiješajte.
f) Napunite paprike mješavinom kvinoje i slanutka.
g) Punjene paprike stavite u posudu za pečenje, prekrijte aluminijskom folijom i pecite oko 30 minuta.
h) Uklonite foliju i pecite dodatnih 10 minuta ili dok paprike ne omekšaju, a vrhovi malo porumene.
i) Poslužite, ukrašeno listićima bosiljka.

66.Mediteranski varivo od leće i povrća

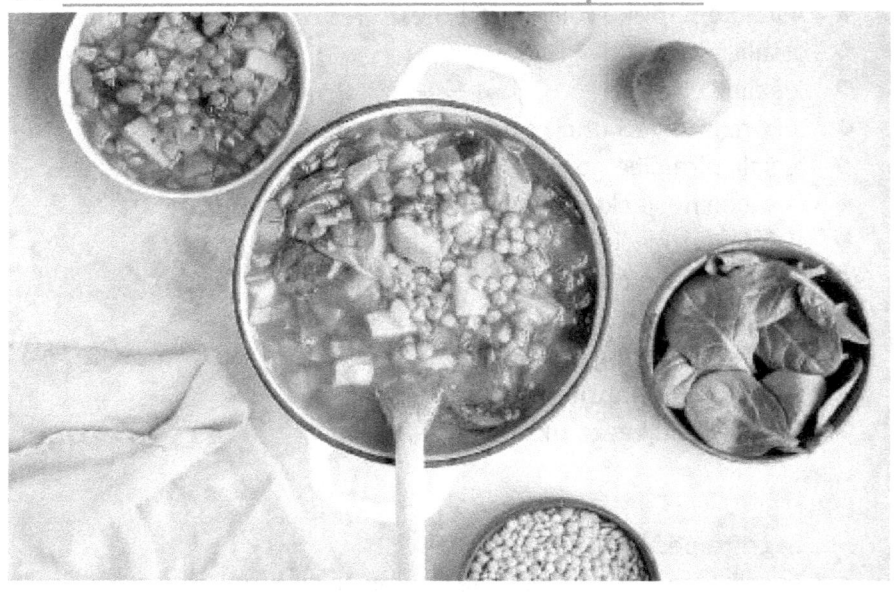

SASTOJCI:

- 1 šalica zelene ili smeđe leće, isprane i ocijeđene
- 4 šalice juhe od povrća
- 2 mrkve, narezane na kockice
- 2 stabljike celera, narezane na kockice
- 1 glavica luka sitno nasjeckana
- 2 češnja češnjaka, mljevena
- 1 konzerva (15 unci) rajčice narezane na kockice
- 1 žličica sušenog origana
- 1 žličica suhe majčine dušice
- Posolite i popaprite po ukusu
- 2 žlice ekstra djevičanskog maslinovog ulja
- Svježi peršin za ukrašavanje 1 šalica mladog špinata

UPUTE:

a) U velikom loncu zagrijte ekstra djevičansko maslinovo ulje na srednje jakoj vatri.

b) Dodajte nasjeckani luk, mrkvu i celer. Pirjajte oko 5 minuta dok ne počnu omekšavati.

c) Umiješajte nasjeckani češnjak, sušeni origano i sušeni timijan. Kuhajte još minutu.

d) Dodajte leću, juhu od povrća i rajčice narezane na kockice. Pustite da prokuha.

e) Smanjite vatru, poklopite i kuhajte oko 25-30 minuta, ili dok leća ne omekša.

f) Neposredno prije posluživanja umiješajte špinat dok ne uvene.

g) Začinite solju i paprom po ukusu.

h) Mediteransko varivo od leće i povrća poslužite vruće, ukrašeno svježim peršinom.

67. Povrće na žaru i Halloumi ražnjići

SASTOJCI:
ZA RAŽNJIĆE:
- 1 crvena paprika, narezana na kockice
- 1 žuta paprika narezana na kockice
- 1 tikvica, narezana na kolutiće
- 1 glavica crvenog luka, narezana na kockice
- 8 cherry rajčica
- 8 drvenih ražnjića, namočenih u vodu
- 8 unci halloumi sira, narezanog na kockice

ZA MARINADU:
- 2 žlice ekstra djevičanskog maslinovog ulja
- 2 žlice soka od limuna
- 1 žličica sušenog origana
- Posolite i popaprite po ukusu

UPUTE:
a) Zagrijte roštilj na srednje jaku temperaturu.
b) Na namočene drvene ražnjiće naizmjenično nanizajte papriku, tikvice, crveni luk, cherry rajčice i halloumi sir.
c) U maloj posudi pomiješajte ekstra djevičansko maslinovo ulje, limunov sok, sušeni origano, sol i papar kako biste napravili marinadu.
d) Ražnjiće premažite marinadom.
e) Pecite ražnjiće oko 3-4 minute sa svake strane ili dok povrće ne omekša i halloumi sir lagano porumeni.

68. Pirjajte mediteranske škampe i špinat

SASTOJCI:
- 8 unci velikih škampa, oguljenih i očišćenih
- 2 žlice ekstra djevičanskog maslinovog ulja
- 2 češnja češnjaka, mljevena
- 6 šalica svježeg špinata
- ½ šalice cherry rajčica, prepolovljenih
- 1 žlica soka od limuna
- ½ žličice sušenog origana
- Posolite i popaprite po ukusu
- 1 do 2 tikvice prepolovljene po dužini, narezane na ½ mjeseca
- 1 šalica kuhanog slanutka iz konzerve, ocijeđenog
- Feta sir u mrvicama (po želji)
- Šaka svježih listova bosiljka, natrganih

UPUTE:
a) U velikoj tavi zagrijte ekstra djevičansko maslinovo ulje na srednje jakoj vatri.
b) Dodajte nasjeckani češnjak i pirjajte oko 30 sekundi dok ne zamiriše.
c) Dodajte kriške tikvica i kuhajte 3-4 minute, ili dok ne počnu omekšavati i lagano smeđiti.
d) Gurnite tikvice na stranu tave i dodajte kozice.
e) Pecite 2-3 minute sa svake strane ili dok ne postanu ružičaste i neprozirne.
f) U tavu dodajte slanutak, cherry rajčice i svježi špinat. Pirjajte dok špinat ne uvene, a rajčice omekšaju.
g) Pokapajte limunovim sokom i pospite sušenim origanom, soli i paprom.
h) Promiješajte da se sjedini i kuhajte još jednu minutu.
i) Po želji prije posluživanja pospite mrvicama feta sira i natrganim listićima svježeg bosiljka.

GRČKI VEGETARIJANAC

69.Grčki Jackfruit Gyros

SASTOJCI:
- Četiri somuna
- Pola šalice juhe od povrća
- Četvrtina šalice soka od limuna
- Jedna šalica tzatziki umaka
- Pola šalice narezanog crvenog luka
- Pola šalice narezanih rajčica
- Pola šalice zelene salate
- Jedna žlica mljevenog češnjaka
- Jedna šalica paste od rajčice
- Dvije žlice maslinovog ulja
- Jedna žlica češnjaka u prahu
- Jedna žlica osušene majčine dušice
- Pola žličice mljevenog cimeta
- Dvije žlice čilija u prahu
- Četvrtina žličice svježeg muškatnog oraščića
- Prstohvat morske soli
- Dvije šalice komadića jackfruita

UPUTE:
a) Uzmite veliku tepsiju.
b) Dodajte maslinovo ulje i češnjak u tavu.
c) Dodajte origano, pastu od rajčice, dimljenu papriku, muškatni oraščić, čili u prahu, timijan i sol.
d) U tavu dodajte juhu od povrća, sok od limuna i komadiće jackfruita.
e) Sastojke dobro kuhajte oko pet minuta.
f) Somune pecite oko dvije do tri minute.
g) Izrežite somune između tako da napravite strukturu vrećice.
h) Skuhanu smjesu dodajte u somun i obložite ga tzatziki umakom, romaine salatom, narezanim rajčicama i crvenim lukom.

70. Grčka veganska Skordalia

SASTOJCI:
- Četvrtina šalice obroka od badema
- Pola šalice maslinovog ulja
- Jedan crvenkasti krumpir
- Dvije žlice soka od limuna
- Dvije žličice crvenog vinskog octa
- Deset češnja nasjeckanog češnjaka
- Pola žličice soli

UPUTE:
a) Uzmi lonac.
b) Skuhajte krumpir u loncu.
c) Ocijedite krumpir kad je gotov.
d) Zgnječite krumpir.
e) U pire krumpir dodajte češnjak, limunov sok, krupicu od badema, sol, vinski ocat i maslinovo ulje.
f) Sve dobro promiješajte.

71. Grčka salata od orzo tjestenine s veganskom fetom

SASTOJCI:
- Jedan nasjeckani crveni luk
- Osam unci orzo tjestenine
- Pola šalice Kalamata maslina
- Dvije šalice cherry rajčica
- Pola šalice nasjeckanog peršina
- Dvije šalice veganskog sira
- Jedan nasjeckani krastavac
- Jedna šalica preljeva od limuna

UPUTE:
a) Uzmite lonac i dodajte vodu u njega.
b) Zakuhajte vodu i u nju dodajte orzo tjesteninu.
c) Ocijedite orzo tjesteninu kada je gotova.
d) Ostatak sastojaka dodajte u tjesteninu.
e) Sve dobro promiješajte.

72.Grčki giros od slanutka

SASTOJCI:
- Četiri somuna
- Pola šalice juhe od povrća
- Četvrtina šalice soka od limuna
- Jedna šalica tzatziki umaka
- Pola šalice narezanog crvenog luka
- Pola šalice narezanih rajčica
- Pola šalice zelene salate
- Jedna žlica mljevenog češnjaka
- Jedna šalica paste od rajčice
- Dvije žlice maslinovog ulja
- Jedna žlica češnjaka u prahu
- Jedna žlica osušene majčine dušice
- Pola žličice mljevenog cimeta
- Dvije žlice čilija u prahu
- Četvrtina žličice svježeg muškatnog oraščića
- Prstohvat morske soli
- Dvije šalice komadića slanutka

UPUTE:
a) Uzmite veliku tepsiju.
b) Dodajte maslinovo ulje i češnjak u tavu.
c) Dodajte origano, pastu od rajčice, dimljenu papriku, muškatni oraščić, čili u prahu, timijan i sol.
d) U tavu dodajte povrtnu juhu, limunov sok i komadiće slanutka.
e) Sastojke dobro prokuhajte dvadesetak minuta.
f) Somune pecite oko dvije do tri minute.
g) Izrežite somune između tako da napravite strukturu vrećice.
h) Skuhanu smjesu dodajte u somun i obložite ga tzatziki umakom, romaine salatom, narezanim rajčicama i crvenim lukom.

73.Grčka vegetarijanska musaka

SASTOJCI:
- Jedna žlica mljevenog češnjaka
- Dvije žlice svježe nasjeckanog kopra
- Jedna šalica feta sira
- Dvije šalice komadića tikvica
- Prstohvat soli
- Prstohvat mljevenog crnog papra
- Jedna šalica komadića patlidžana
- Dvije žlice maslinovog ulja
- Tri šalice mladog špinata
- Dvije šalice crvenog krumpira
- Jedna šalica nasjeckanog luka
- Dvije šalice umaka od rajčice
- Dvije šalice bešamela

UPUTE:
a) Uzmite veliku zdjelu.
b) U zdjelu dodajte patlidžan, komade tikvica, krumpir, mladi špinat.
c) U zdjelu pomiješajte maslinovo ulje, sol i mljeveni crni papar.
d) Pecite sastojke u pećnici dvadesetak minuta.
e) Uzmite veliku tepsiju.
f) Dodajte maslinovo ulje i luk u tavu.
g) Kuhajte luk dok ne omekša.
h) Dodajte nasjeckani češnjak u tavu.
i) Sastojke dobro prokuhati.
j) Dodajte feta sir, sol i crni papar u tavu.
k) Sve sastojke dobro izmiješajte i u njih dodajte nasjeckani kopar
l) tava.
m) Zapečeno povrće dodati u tepsiju pa sve promiješati
n) dobro.
o) Dodajte umak od rajčice i bešamel na vrh mješavine povrća.
p) Pecite još desetak minuta.

74. Grčki pečeni tikvice i krumpir

SASTOJCI:
- Pola šalice nasjeckanog peršina
- Dvije žlice lišća origana
- Jedna žlica lišća ružmarina
- Dvije žlice peršinova lista
- Pola šalice nasjeckanog luka
- Dvije žlice maslinovog ulja
- Pola šalice listova bosiljka
- Jedna šalica crvene paprike
- Jedna žlica mljevene crvene paprike
- Pola žličice lišća komorača
- Prstohvat košer soli
- Prstohvat crnog papra
- Jedna šalica komadića patlidžana
- Jedna šalica komadića tikvica
- Jedna šalica nasjeckanog vlasca
- Jedna šalica cherry rajčica
- Pola šalice slanih ljetnih grančica
- Dvije žlice mljevenog češnjaka
- Dvije žlice osušene majčine dušice

UPUTE:
a) Uzmite veliku tepsiju.
b) U to dodajte maslinovo ulje i nasjeckani luk.
c) Kuhajte luk dok ne postane svijetlosmeđe boje.
d) Dodajte nasjeckani češnjak u tavu.
e) Kuhajte smjesu pet minuta.
f) Smjesu posolite i popaprite.
g) Dodajte začine i sve povrće.
h) U zdjelu zdrobite cherry rajčice i posolite ih.
i) Smjesu izručiti u tanjur kada je povrće gotovo.
j) U tavu dodajte zgnječenu rajčicu.
k) Kuhajte rajčice desetak minuta ili dok ne omekšaju.
l) Ponovno dodajte mješavinu povrća u tavu.
m) U tepsiju dodajte ostale sastojke i pecite oko petnaest minuta.

75. Grčka vegetarijanska riža

SASTOJCI:
- Tri šalice nasjeckanog miješanog povrća
- Dvije žličice soka od limuna
- Pola šalice nasjeckanog luka
- Dvije žlice mljevenog češnjaka
- Dvije žlice maslinovog ulja
- Prstohvat soli
- Prstohvat crnog papra
- Četvrtina šalice sušene metvice
- Dvije žlice nasjeckanog svježeg kopra
- Dva kilograma zrna riže
- Dvije šalice paste od rajčice
- Dvije šalice vode

UPUTE:
a) Uzmite veliki lonac.
b) Dodajte vodu u tavu i začinite je solju.
c) Prokuhajte vodu i zatim dodajte rižu u vodu.
d) Skuhajte rižu i potom je ocijedite.
e) Uzmite veliku tepsiju.
f) Dodajte maslinovo ulje i dobro ga zagrijte.
g) U tavu dodajte nasjeckani luk i kuhajte ga dok ne omekša i ne zamiriši.
h) U tavu dodajte nasjeckani češnjak.
i) U tavu dodajte povrće, pastu od rajčice, limunov sok, sol i mljeveni crni papar.
j) Sastojke kuhajte desetak minuta.
k) Dodajte kuhanu rižu u tavu i dobro promiješajte.
l) U tavu dodajte sušenu metvicu i nasjeckani kopar.
m) Stavite poklopac na vrh posude.
n) Kuhajte rižu oko pet minuta na laganoj vatri.

76. Grk Gigantes Plaki

SASTOJCI:
- Četiri žlice sitno nasjeckanog celera
- Pola šalice tople vode
- Dvije šalice sitno nasjeckanih rajčica
- Jedna čajna žličica suhih listova origana
- Prstohvat svježe mljevenog crnog papra
- Prstohvat košer soli
- Pola šalice maslinovog ulja
- Dvije žlice mljevenog češnjaka
- Dvije šalice gigantes plakija
- Pola šalice nasjeckanog luka
- Četiri žlice sitno nasjeckanog peršina

UPUTE:
a) Uzmi tavu.
b) Dodajte maslinovo ulje i luk.
c) Kuhajte luk dok ne omekša i ne zamiriši.
d) U tavu dodajte nasjeckani češnjak.
e) Zakuhajte smjesu i u nju dodajte rajčice.
f) Pokrijte posudu poklopcem.
g) Kuhajte rajčice dok ne omekšaju.
h) Dodajte grah u tavu.
i) Kuhajte pet minuta.
j) Dodajte vodu, sol i crni papar u tavu.
k) Sastojke pažljivo promiješajte i poklopite posudu.
l) Kad je grah kuhan, izvaditi ga.
m) Odozgo jelo ukrasite nasjeckanim listom celera i peršina.

77.Grčki popečci od rajčice

SASTOJCI:
- Jedna šalica nasjeckanih rajčica
- Jedna šalica crvenog luka
- Jedna šalica gram brašna
- Prstohvat soli
- Dvije žlice miješanog začina
- Pola šalice nasjeckanog kopra
- Pola šalice nasjeckanog cilantra
- Biljno ulje

UPUTE:
a) Uzmite veliku zdjelu.
b) Dodajte sve u zdjelu i dobro promiješajte.
c) Dodajte vodu u zdjelu da dobijete smjesu.
d) Zagrijte tavu i u nju dodajte biljno ulje.
e) U tavu pažljivo dodajte žlicu tijesta i kuhajte ih nekoliko minuta.
f) Izvadite ga kad popečci dobiju svijetlosmeđu boju.

78. Grčki popečci od slanutka

SASTOJCI:
- Jedna šalica kuhanog slanutka
- Jedna šalica crvenog luka
- Jedna šalica gram brašna
- Prstohvat soli
- Dvije žlice miješanog začina
- Pola šalice nasjeckanog kopra
- Pola šalice nasjeckanog cilantra
- Biljno ulje

UPUTE:
a) Uzmite veliku zdjelu.
b) Dodajte sve u zdjelu i dobro promiješajte.
c) Dodajte vodu u zdjelu da dobijete smjesu.
d) Zagrijte tavu i u nju dodajte biljno ulje.
e) U tavu pažljivo dodajte žlicu tijesta i kuhajte ih nekoliko minuta.
f) Izvadite ga kad popečci dobiju svijetlosmeđu boju.

79.Grčki gulaš od bijelog graha

SASTOJCI:
- Jedna šalica nasjeckanog luka
- Jedna šalica nasjeckanog peršina
- Jedna šalica temeljca od povrća
- Jedna šalica vode
- Prstohvat soli
- Prstohvat crnog papra
- Dvije žlice maslinovog ulja
- Jedna funta bijelog graha
- Pola žlice nasjeckanog češnjaka
- Dvije šalice nasjeckanih rajčica
- Pola šalice nasjeckanog svježeg timijana
- Pola šalice nasjeckanog svježeg origana
- Pola šalice nasjeckanog svježeg vlasca
- Jedna čajna žličica miješanog začinskog praha
- Pola žličice dimljene paprike
- Jedan list lovora

UPUTE:
a) Uzmite veliku tepsiju.
b) U to dodajte nasjeckani luk i maslinovo ulje.
c) Dobro izmiješajte sastojke.
d) U tavu dodajte nasjeckani češnjak.
e) U tavu dodajte rajčice, origano, lovorov list, sol, crni papar, majčinu dušicu, dimljenu papriku, pomiješajte začine i vlasac.
f) Sastojke dobro prokuhati.
g) Dodajte bijeli grah u smjesu.
h) U tavu dodajte povrtni temeljac i vodu.
i) Varivo dobro izmiješajte.
j) Stavite poklopac na vrh posude.
k) Varivo kuhajte deset do petnaest minuta.
l) Izbacite varivo kad je grah gotov.
m) Odozgo jelo ukrasite nasjeckanim peršinom.

80.Grčki vegetarijanac Bamie s

SASTOJCI:
- Jedna šalica nasjeckanog luka
- Jedna šalica nasjeckanog peršina
- Jedna šalica temeljca od povrća
- Jedna šalica vode
- Prstohvat soli
- Prstohvat crnog papra
- Dvije žlice maslinovog ulja
- Jedna funta bamije
- Pola žlice nasjeckanog češnjaka
- Dvije šalice nasjeckanih rajčica
- Pola šalice nasjeckanog svježeg timijana
- Pola šalice nasjeckanog svježeg origana
- Pola šalice nasjeckanog svježeg vlasca
- Jedna čajna žličica miješanog začinskog praha
- Pola žličice dimljene paprike
- Jedan list lovora

UPUTE:
a) Uzmite veliku tepsiju.
b) U to dodajte nasjeckani luk i maslinovo ulje.
c) Dobro izmiješajte sastojke.
d) U tavu dodajte nasjeckani češnjak.
e) U tavu dodajte rajčicu, origano, lovorov list, sol, crni papar, majčinu dušicu, dimljenu papriku, pomiješajte začine i vlasac.
f) Sastojke dobro prokuhati.
g) Dodajte komadiće bamije u smjesu.
h) U tavu dodajte povrtni temeljac i vodu.
i) Varivo dobro izmiješajte.
j) Stavite poklopac na vrh posude.
k) Varivo kuhajte deset do petnaest minuta.
l) Izbacite varivo kad je povrće gotovo.
m) Odozgo jelo ukrasite nasjeckanim peršinom.

81.Grčke zdjele s povrćem na žaru

SASTOJCI:
- Jedan nasjeckani crveni luk
- Jedna šalica komadića patlidžana
- Jedna šalica komadića tikvica
- Dvije šalice cherry rajčica
- Pola šalice nasjeckanog peršina
- Dvije šalice feta sira
- Jedna šalica paprike
- Jedna šalica gljiva
- Jedna šalica preljeva od limuna

UPUTE:
a) Uzmite grill tavu i u nju dodajte maslinovo ulje.
b) Na njemu ispecite povrće.
c) Izvadite povrće kada je gotovo.
d) U povrće dodajte ostale sastojke.
e) Sve dobro promiješajte.

82. Kuglice od povrća s tahini umakom od limuna

SASTOJCI:
- Jedan nasjeckani crveni luk
- Dva mljevena češnja češnjaka
- Prstohvat soli
- Prstohvat crnog papra
- Pola šalice listova mente
- Dvije šalice naribanog miješanog povrća
- Pola žličice origana
- Jedno jaje
- Dvije žlice maslinovog ulja
- Jedna šalica tahini umaka od limuna

UPUTE:
a) Uzmite veliku zdjelu.
b) U zdjelu dodajte naribano miješano povrće, začine, mentu, luk, češnjak i jaje.
c) Sve sastojke dobro izmiješajte i oblikujte okrugle kuglice.
d) Kuglice od povrća pržite na maslinovom ulju dok ne porumene.
e) Izvadite kuglice.
f) Sa strane poslužite kuglice s tahini umakom od limuna.

83. Grčko pečeno povrće

SASTOJCI:
- Pola šalice nasjeckanog peršina
- Dvije žlice lišća origana
- Jedna žlica lišća ružmarina
- Dvije žlice peršinova lista
- Pola šalice nasjeckanog luka
- Dvije žlice maslinovog ulja
- Pola šalice listova bosiljka
- Jedna žlica mljevene crvene paprike
- Pola žličice lišća komorača
- Prstohvat košer soli
- Prstohvat crnog papra
- Tri šalice komadića miješanog povrća
- Jedna šalica nasjeckanog vlasca
- Jedna šalica cherry rajčica
- Pola šalice slanih ljetnih grančica
- Dvije žlice mljevenog češnjaka
- Dvije žlice osušene majčine dušice

UPUTE:
a) Uzmite veliku tepsiju.
b) U to dodajte maslinovo ulje i nasjeckani luk.
c) Kuhajte luk dok ne postane svijetlosmeđe boje.
d) Dodajte nasjeckani češnjak u tavu.
e) Kuhajte smjesu pet minuta.
f) Smjesu posolite i popaprite.
g) Dodajte začine i sve povrće.
h) U zdjelu zdrobite cherry rajčice i posolite ih.
i) Smjesu izručiti u tanjur kada je povrće gotovo.
j) U tavu dodajte zgnječenu rajčicu.
k) Kuhajte rajčice desetak minuta ili dok ne omekšaju.
l) Ponovno dodajte mješavinu povrća u tavu.
m) U tepsiju dodajte ostale sastojke i pecite oko petnaest minuta.

84. Grčki Aube igine i gulaš od rajčice

SASTOJCI:
- Jedna šalica nasjeckanog luka
- Jedna šalica nasjeckanog peršina
- Jedna šalica temeljca od povrća
- Jedna šalica vode
- Prstohvat soli
- Prstohvat crnog papra
- Dvije žlice maslinovog ulja
- Jedna funta aboridžina
- Pola žlice nasjeckanog češnjaka
- Dvije šalice nasjeckanih rajčica
- Pola šalice nasjeckanog svježeg timijana
- Pola šalice nasjeckanog svježeg origana
- Pola šalice nasjeckanog svježeg vlasca
- Jedna čajna žličica miješanog začinskog praha
- Pola žličice dimljene paprike
- Jedan list lovora

UPUTE:
a) Uzmite veliku tepsiju.
b) U to dodajte nasjeckani luk i maslinovo ulje.
c) Dobro izmiješajte sastojke.
d) U tavu dodajte nasjeckani češnjak.
e) U tavu dodajte rajčice, origano, lovorov list, sol, crni papar, majčinu dušicu, dimljenu papriku, pomiješajte začine i vlasac.
f) Sastojke dobro prokuhati.
g) Dodajte aborigin u smjesu.
h) U tavu dodajte temeljac od povrća i vodu.
i) Varivo dobro izmiješajte.
j) Stavite poklopac na vrh posude.
k) Varivo kuhajte deset do petnaest minuta.
l) Izbacite varivo kad je povrće gotovo.
m) Odozgo jelo ukrasite nasjeckanim peršinom.

85.Tartine od grčkog avokada

SASTOJCI:
- Pola šalice soka od limuna
- Četiri kriške Tartine kruha
- Pola šalice cherry rajčica
- Pola šalice ekstra djevičanskog maslinovog ulja
- Pola šalice izmrvljenog sira
- Mljeveni crveni čili
- Četvrtina šalice kopra
- Dvije šalice nasjeckanog avokada
- Prstohvat soli
- Prstohvat crnog papra

UPUTE:
a) Uzmite veliku zdjelu.
b) Dodajte sve sastojke osim kriški kruha.
c) Pomiješajte sve sastojke.
d) Tostirajte kriške tartine kruha
e) Smjesu rasporedite po vrhu kriški kruha.

86.Grčka riža od špinata

SASTOJCI:
- Tri šalice nasjeckanog špinata
- Dvije žličice soka od limuna
- Pola šalice nasjeckanog luka
- Dvije žlice mljevenog češnjaka
- Dvije žlice maslinovog ulja
- Prstohvat soli
- Prstohvat crnog papra
- Četvrtina šalice sušene metvice
- Dvije žlice nasjeckanog svježeg kopra
- Dva kilograma zrna riže
- Dvije šalice paste od rajčice
- Dvije šalice vode

UPUTE:
a) Uzmite veliki lonac.
b) Dodajte vodu u tavu i začinite je solju.
c) Prokuhajte vodu i zatim dodajte rižu u vodu.
d) Skuhajte rižu i potom je ocijedite.
e) Uzmite veliku tepsiju.
f) Dodajte maslinovo ulje i dobro ga zagrijte.
g) U tavu dodajte nasjeckani luk i kuhajte ga dok ne omekša i ne zamiriši.
h) U tavu dodajte nasjeckani češnjak.
i) U tavu dodajte špinat, pastu od rajčice, limunov sok, sol i mljeveni crni papar.
j) Sastojke kuhajte desetak minuta.
k) Dodajte kuhanu rižu u tavu i dobro promiješajte.
l) U tavu dodajte sušenu metvicu i nasjeckani kopar.
m) Stavite poklopac na vrh posude.
n) Kuhajte rižu oko pet minuta na laganoj vatri.

87. Grčka Avgolemono juha

SASTOJCI:
- Pola šalice nasjeckanog svježeg timijana
- Pola šalice nasjeckanog svježeg origana
- Pola šalice nasjeckanog svježeg vlasca
- Jedna čajna žličica miješanog začinskog praha
- Pola žličice dimljene paprike
- Jedan list lovora
- Prstohvat soli
- Prstohvat crnog papra
- Dvije žlice maslinovog ulja
- Jedna funta komada piletine
- Pola žlice nasjeckanog češnjaka
- Dvije šalice nasjeckanih rajčica
- Jedna šalica nasjeckanog luka
- Jedna šalica nasjeckanog peršina
- Jedna šalica temeljca od povrća
- Jedna šalica vode
- Pola šalice soka od limuna

UPUTE:
a) Uzmite veliku tepsiju.
b) U to dodajte nasjeckani luk i maslinovo ulje.
c) Dobro izmiješajte sastojke.
d) U tavu dodajte nasjeckani češnjak.
e) U tavu dodajte rajčice, origano, lovorov list, sol, crni papar, majčinu dušicu, dimljenu papriku, pomiješajte začine i vlasac.
f) Sastojke dobro prokuhati.
g) U smjesu dodajte komade piletine i sok od limuna.
h) U tavu dodajte povrtni temeljac i vodu.
i) Dobro izmiješajte juhu.
j) Stavite poklopac na vrh posude.
k) Kuhajte juhu deset do petnaest minuta.
l) Izvadite juhu kada su komadi piletine gotovi.
m) Odozgo jelo ukrasite nasjeckanim peršinom.

88. Grčke pite s povrćem

SASTOJCI:
- Dvije žlice maslinovog ulja
- Dva komada pita kruha
- Dva velika jaja
- Jedna zrela cherry rajčica
- Dvije šalice miješanog povrća
- Jedna šalica nasjeckanog luka
- Pola šalice nasjeckanog bosiljka
- Četvrtina šalice izmrvljenog feta sira
- Prstohvat soli
- Prstohvat crnog papra
- Hrpa nasjeckanog cilantra

UPUTE:
a) Uzmite veliku tepsiju.
b) Dodajte maslinovo ulje u tavu.
c) Dodajte luk i sol u tavu.
d) Luk dobro prodinstajte, a zatim dodajte crni papar u tavu.
e) U smjesu dodajte izmiksano povrće.
f) U smjesu dodajte nasjeckani bosiljak.
g) Sastojke dobro kuhajte petnaestak minuta.
h) Izvadite jelo kada je povrće gotovo.
i) Pustite da se meso ohladi pa u njega dodajte izmrvljeni feta sir.
j) Dobro promiješajte.
k) Zagrijte pita kruh.
l) U kruhu izrežite rupu i u nju dodajte skuhanu smjesu.
m) Ukrasite kruh nasjeckanim cilantrom.

GRČKI DESERT

89.Grčki kolačići s maslacem

SASTOJCI:

- Pola žličice muškatnog oraščića
- Jedna čajna žličica ekstrakta vanilije
- Tri i pol šalice brašna
- Pola šalice šećera
- Šalica slanog maslaca
- Jedna žlica kvasca
- Dva velika jaja
- Pola žličice košer soli

UPUTE:

a) Uzmite veliku zdjelu.
b) Dodajte suhe sastojke u zdjelu.
c) Sve sastojke dobro promiješajte.
d) U zdjelu s dvije žlice vruće vode dodajte bijeli šećer i kvasac.
e) Smjesu kvasca stavite na vlažno mjesto.
f) Dodajte maslac u mokre sastojke.
g) Dodajte smjesu s kvascem i jaja u smjesu za kolačiće.
h) Dobivenu smjesu dodajte u vrećicu za pipanje.
i) Na tepsiji oblikujte male okrugle kolačiće i ispecite kolačiće.
j) Izvadite kolačiće kada su gotovi.
k) Jelo je spremno za posluživanje.

90.Grčki medeni kolačić s

SASTOJCI:
- Pola žličice muškatnog oraščića
- Jedna čajna žličica ekstrakta vanilije
- Tri i pol šalice brašna
- Pola šalice meda
- Pola šalice ulja
- Jedna žlica kvasca
- Dva velika jaja
- Pola žličice košer soli

UPUTE:
a) Uzmite veliku zdjelu.
b) Dodajte suhe sastojke u zdjelu.
c) Sve sastojke dobro promiješajte.
d) Dodajte med i kvasac u zdjelu s dvije žlice vruće
e) voda.
f) Smjesu kvasca stavite na vlažno mjesto.
g) Dodajte ulje u mokre sastojke.
h) Dodajte smjesu s kvascem i jaja u smjesu za kolačiće.
i) Dobivenu smjesu dodajte u vrećicu za pipanje.
j) Na tepsiji oblikujte male okrugle kolačiće i ispecite kolačiće.
k) Izvadite kolačiće kada su gotovi.
l) Jelo je spremno za posluživanje.

91. Grčka torta od oraha

SASTOJCI:
- Jedna šalica umaka od vanilije
- Pola šalice maslaca
- Četvrtina šalice šećera
- Četvrtina žličice mljevenog kardamoma
- Šalica brašna
- Prstohvat sode bikarbone,
- Jedno jaje
- Šalica narezanih badema
- Za glazuru
- Pola šalice umaka od vanilije
- Pola šalice gustog vrhnja
- Pola šalice maslaca
- Pola šalice smeđeg šećera
- Četvrtina žličice cimeta

UPUTE:
a) Uzmite veliku zdjelu.
b) Dodajte tijesto za kolače i pomiješajte sve sastojke.
c) Napravite tijesto i izlijte ga u posudu za pečenje.
d) Provjerite je li posuda za pečenje dobro namazana i obložena papirom za pečenje.
e) Dodajte smjesu od oraha i izmiješajte sve sastojke.
f) Ispeći kolač.
g) Posudite ga kad je gotovo.
h) Napravite glazuru od vanilije i vrhnja tako da prvo tučete maslac i vrhnje dok ne postanu pjenasti.
i) Dodajte ostale sastojke i miksajte pet minuta.
j) Dodajte glazuru od vanilije i vrhnja na vrh torte.
k) Pazite da sve strane kolača prekrijete glazurom.
l) Kolač narežite na kriške.
m) Jelo je spremno za posluživanje.

92.grčka baklava

SASTOJCI:
- Osam unci maslaca
- Paket filo listova
- Žličica ekstrakta vanilije
- Pola šalice nasjeckanih orašastih plodova (po izboru)
- Šalica meda
- Šalica šećera
- Žličica mljevenog cimeta
- Šalica vode

UPUTE:
a) Uzmite veliku zdjelu.
b) U to dodajte maslac i dobro umutite.
c) Dodajte orahe, cimet i med u posudu s maslacem.
d) Dobro izmiješajte sastojke.
e) Dodajte sušenu metvicu u zdjelu i dobro promiješajte.
f) Filo raširiti u podmazan pleh.
g) Dodajte smjesu orašastih plodova u listove filo i prekrijte je s još listova filo.
h) Baklavu pecite četrdesetak minuta.
i) Dodajte šećer i vodu u lonac i kuhajte.
j) Baklavu izvadite i narežite na komade.
k) Baklavu prelijte šećernim sirupom
l) Izvadite baklavu.
m) Jelo je spremno za posluživanje.

93.Fina krema od ananasa

SASTOJCI:
- 2 šalice smrznutih komadića ananasa
- 1 zrela banana, oguljena i smrznuta
- ½ šalice kokosovog mlijeka
- 1 žlica meda ili javorovog sirupa (po želji)
- 1 žličica ekstrakta vanilije (po želji)
- Kriške svježeg ananasa i listići mente za ukras (po želji)

UPUTE:
a) Uvjerite se da su smrznuti komadići ananasa i smrznuta banana pravilno smrznuti. Možete ih zamrznuti na nekoliko sati ili preko noći.
b) U procesoru hrane ili blenderu velike brzine pomiješajte smrznuti ananas, smrznutu bananu, kokosovo mlijeko i med (ili javorov sirup ako koristite).
c) Po želji dodajte ekstrakt vanilije za dodatnu aromu.
d) Pomiješajte sve sastojke dok smjesa ne postane glatka i kremasta. Možda ćete morati stati i nekoliko puta ostrugati sa strane kako biste osigurali ravnomjerno miješanje.
e) Kušajte finu kremu i prilagodite slatkoću prema svom ukusu dodavanjem još meda ili javorovog sirupa ako je potrebno.
f) Kada se smjesa dobro izmiješa i dobije glatku konzistenciju poput sladoleda, spremna je.
g) Možete odmah uživati u njemu kao mekom sladoledu ili ga prebaciti u posudu i zamrznuti za čvršću teksturu.
h) Ako ga zamrzavate radi čvršće teksture, bilo bi dobro da ga ostavite na sobnoj temperaturi nekoliko minuta prije grabice.
i) Ukrasite svoju Pineapple Nice Cream kriškama svježeg ananasa i listićima mente za lijepu prezentaciju (po izboru).
j) Poslužite i uživajte u ukusnoj i zdravoj kremi od ananasa!

94.Grčki kolač od naranče

SASTOJCI:
- Šalica soka od naranče
- Pola šalice maslaca
- Četvrtina šalice šećera
- Četvrtina žličice mljevenog kardamoma
- Šalica brašna
- Prstohvat sode bikarbone,
- Jaje
- Dvije žličice narančine korice

UPUTE:
a) Uzmite veliku zdjelu.
b) Dodajte tijesto za kolače i pomiješajte sve sastojke.
c) Napravite tijesto i izlijte ga u posudu za pečenje.
d) Provjerite je li posuda za pečenje dobro namazana i obložena papirom za pečenje.
e) Ispeći kolač.
f) Posudite ga kad je gotovo.
g) Kolač narežite na kriške.
h) Jelo je spremno za posluživanje.

95. Grčke krafne (Loukoumades)

SASTOJCI:
- Pola šalice maslaca
- Osam jaja
- Dvije šalice šećera
- Tri šalice brašna
- Šalica mlijeka
- Žlica praška za pecivo
- Dvije žlice kiselog vrhnja
- Žličica kardamom šećera
- Žličica sode bikarbone
- Dvije žlice meda

UPUTE:
a) U velikoj zdjeli pomiješajte sve sastojke osim kardamom šećera i meda.
b) Od smjese oblikujte polugusto tijesto.
c) Zagrijte tavu punu ulja.
d) Napravite okruglu strukturu poput krafne uz pomoć rezača za krafne.
e) Ispecite krafne.
f) Ostavite krafne da se ohlade.
g) Pokapajte med na vrh krafni.
h) Dodajte cimet šećer po svim krafnama.

96. Grčki puding od mliječne kreme

SASTOJCI:
- Dvije šalice punomasnog mlijeka
- Dvije šalice vode
- Četiri žlice kukuruznog škroba
- Četiri žlice bijelog šećera
- Dva žumanjka
- Četvrtina žličice cimeta u prahu

UPUTE:
a) Uzmite veliki lonac.
b) Dodajte vodu i punomasno mlijeko.
c) Pustite da tekućina kuha pet minuta.
d) U mliječnu smjesu dodajte žumanjke i šećer.
e) Sve sastojke dobro kuhajte tridesetak minuta ili dok se ne počne zgušnjavati.
f) Nastavite neprestano miješati.
g) Na vrh dodajte cimet u prahu.
h) Jelo je spremno za posluživanje.

97.Peciva sa grčkim sirupom od badema

SASTOJCI:
- Osam unci sirupa od badema
- Paket filo listova
- Žličica sušenog muškatnog oraščića
- Pola šalice nasjeckanih orašastih plodova (po izboru)
- Šalica meda timijana
- Sedam unci maslaca

UPUTE:
a) Uzmite veliku zdjelu.
b) U to dodajte maslac i dobro umutite.
c) Dodajte orahe i sirup od badema u zdjelu s maslacem.
d) Dobro izmiješajte sastojke.
e) Filo raširiti u podmazan pleh.
f) Dodajte smjesu orašastih plodova u listove filo i prekrijte je s još listova filo.
g) Pecite pecivo četrdesetak minuta.
h) Izvadite tijesto.
i) Pospite majčinu dušicu na vrh pite.
j) Jelo je spremno za posluživanje.

98.Grčki kolač od badema

SASTOJCI:
- Pola žličice paste od mahune vanilije
- Dvije i pol šalice brašna
- Pola žličice praška za pecivo
- Šalica neslanog maslaca
- Žumanjak jajeta
- Dvije šalice šećera u prahu
- Pola šalice nasjeckanih badema

UPUTE:
a) Uzmite veliku zdjelu.
b) Dodajte pastu od mahune vanilije, brašno, prašak za pecivo, neslani maslac, žumanjak i bademe u zdjelu.
c) Sve sastojke pomiješati i dodati u tepsiju.
d) Smjesu pecite trideset minuta.
e) Izvadite kruh i narežite ga na kriške.
f) Pospite kruh šećerom u prahu.

99. Baklav od grčkog cvijeta naranče a

SASTOJCI:
- Osam unci maslaca
- Paket filo listova
- Žličica ekstrakta vanilije
- Pola šalice nasjeckanih orašastih plodova (po izboru)
- Šalica meda
- Šalica šećera
- Žličica praha mljevene naranče
- Šalica vode

UPUTE:
a) Uzmite veliku zdjelu.
b) U to dodajte maslac i dobro umutite.
c) Dodajte orašaste plodove, prah naranče i med u zdjelu s maslacem.
d) Dobro izmiješajte sastojke.
e) Dodajte sušenu metvicu u zdjelu i dobro promiješajte.
f) Filo raširiti u podmazan pleh.
g) Dodajte smjesu orašastih plodova u listove filo i prekrijte je s još listova filo.
h) Baklavu pecite četrdesetak minuta.
i) Dodajte šećer i vodu u lonac i kuhajte.
j) Izvadite baklavu i narežite je na komade.
k) Baklavu prelijte šećernim sirupom
l) Izvadite baklavu.
m) Jelo je spremno za posluživanje.

100. Grčka baklava od meda i ružine vodice

SASTOJCI:
- Osam unci maslaca
- Paket filo listova
- Žličica ekstrakta vanilije
- Pola šalice nasjeckanih orašastih plodova (po izboru)
- Šalica meda
- Šalica šećera
- Žličica ružine vodice
- Šalica vode

UPUTE:
a) Uzmite veliku zdjelu.
b) U to dodajte maslac i dobro umutite.
c) Dodajte orahe, ružinu vodicu i med u posudu s maslacem.
d) Dobro izmiješajte sastojke.
e) Dodajte sušenu metvicu u zdjelu i dobro promiješajte.
f) Filo raširiti u podmazan pleh.
g) Dodajte smjesu orašastih plodova u listove filo i prekrijte je s još listova filo.
h) Baklavu pecite četrdesetak minuta.
i) Dodajte šećer i vodu u lonac i kuhajte.
j) Izvadite baklavu i narežite je na komade.
k) Baklavu prelijte šećernim sirupom
l) Izvadite baklavu.
m) Jelo je spremno za posluživanje.

ZAKLJUČAK

Dok završavamo naše putovanje kroz suncem okupane stranice "Grčki: svakodnevni recepti s grčkim korijenima", nadamo se da ste iskusili čari grčke kuhinje u udobnosti vlastite kuhinje. Svaki recept na ovim stranicama dokaz je bezvremenske privlačnosti mediteranskih okusa, gdje se jednostavnost susreće sa sofisticiranošću, a svaki obrok postaje slavlje.

Bilo da ste uživali u ugodnim slojevima musake, prigrlili svježinu grčkih salata ili uživali u slatkoći baklave, vjerujemo da je ovih 100 recepata donijelo okus Grčke u vaš dom. Osim sastojaka i tehnika, možda ste osjetili toplinu grčkog gostoprimstva i radost koju donosi dijeljenje ukusnih jela s voljenima.

Dok nastavljate istraživati kulinarsko bogatstvo Mediterana, neka vas "Greekish" nadahne da u svoje svakodnevno kuhanje unesete duh Grčke. Od maslinika do plavetnila mora, neka esencija grčke kuhinje ostane u vašoj kuhinji, stvarajući trenutke radosti, povezanosti i ukusnog otkrića. Opa, i živjeli za beskrajne užitke grčke kuhinje!

www.ingramcontent.com/pod-product-compliance
Lightning Source LLC
Chambersburg PA
CBHW071907110526
44591CB00011B/1588